I0764487

Нить

Евразийский литературный сборник
Том 6

Лондон
Hertfordshire Ptress
2022

Издательство Hertfordshire Press Ltd © 2022
e-mail: publisher@hertfordshirepress.com
www.hertfordshirepress.com

По заказу Евразийской Творческой Гильдии, Лондон

Евразийский литературный сборник
Том 6

Язык издания: Русский / Английский

Составители: Тайна Каунис, Анна Николаева
Редактор английского: Francesca Mepham
Обложка: Tithi Luadthong (grandfailure)

British Library Catalogue in Publication Data
A catalogue record for this book is available from the British Library
Library of Congress in Publication Data
A catalogue record for this book has been requested

ISBN: 978-1-913356-55-2

СОДЕРЖАНИЕ

Катерина Зверь	"Вороньи дети"	7
Yelena Bezrukova	"MINIATURE TO THE PAINTING "LOVERS" BY LIDIYA DROZDOVA"	21
	"MINIATURE TO YELENA BEZRUKOVA'S GRAPHELV "LEMURIAN"	
	"EXCERPT FROM THE FAIRY TALE "FEATHERGRASS PRINCESS"	
Мария Мучинская	"Горизонт"	27
	"Мечты детства"	
Yelena (Inana) Aslanyan	"The Daughter of a Kurd"	35
Виктория Левина	"Страшненькая"	46
Lenar Shayeh	"Bal-Babay"	51
Анри Малле (Henri Mallet)	"Зачарованный лес"	55
Арина Крючкова	"Бог в вагоне до Порт-Дофин"	59
Елена Соколова	"В поисках света"	62
	"Чарли Чаплин" (ФОТО)	
	"Мерлин Монро" (ФОТО)	
Cathie Cayros	"You Stole My Heart!"	66
Дилором Нишанова	"Американская мечта"	71
Lara Prodan	"Fateful Decision"	76
Марина Варданян	"Голыми руками"	84
Анна Гоголева	"Сестры Екатерины"	87
Андрей Гродзинский	"Странник"	91
Nazken Kelzhanova	"Time Travel"	95
Михаил Ананов	"Весьма интересный парень"	89
Мария Признякова	"Жить"	105
	"Live"	

DEAR READERS!

It is with a mixture of emotions that I pen this introduction to the Eurasian Creative Guild and Hertfordshire Press Almanac "Thread-6".

Originally the collection was planned as a gift to honour the platinum jubilee of Her late Majesty Queen Elizabeth II and all of the contributors were excited to share their work in this way - the excitement, however turned to grief for many and reflection for everyone on the death of Her Majesty in September 2022.

Very few people have dedicated themselves to their service for a cause or country in the same way that Her late Majesty did - indeed no one has dedicated themselves for the length of time that she did. During the days following her death, We were able to reflect on the past and the history that she witnessed and took part in, and was amazed at how much her influence affected people and whole communities. Many people shared their memories of how the Queen and other members of the royal family touched them in some way, supporting and encouraging them to continue. As the celebrations of the Jubilee gave way to the solemnity of the funeral service it became clear that the institution of the British monarchy is still important and influential to everyone - not just in the United Kingdom but around the world.

This Almanac -"Thread-6" is therefore dedicated to the memory of Her Majesty Queen Elizabeth II and we hope that all of you that read it will enjoy the works of our guild members and take time to reflect.

Today's world is not always an easy place to be but the Eurasian Creative Guild offers a place for expression, culture and hope for humanity through shared creativity that summounts borders, nationalities and beliefs. Indeed as her Majesty said "Everyone is our neighbour, no matter what race, creed or colour."

The collected works of "Thread-6" are from across Eurasia, each with a distinct flavour of the writer and culture that they are from, but all are personal, emotional and heartfelt. We hope that you will enjoy them and they will inspire you to contribute your creativity to make the world a better and more tolerant place.

With Sincere best wishes for the future,
Gareth Stamp,
Chairman Eurasian Creative Guild (London)

КАТЕРИНА ЗВЕРЬ

Екатерина Згурская (творческий псевдоним – Катерина Зверь) родилась и выросла в городе Мытищи, Россия.

Художник, дизайнер, писатель, кукольный мастер, преподаватель ИЗО и рекламных технологий. Член Международного объединения авторов кукол, участник международных выставок живописи и графики. Автор книг «Шесть историй про дрозда и волка», «Сказки из воронова крыла», «Суудер-эдзен, владыка теней». Призер международных литературных конкурсов, таких как «Русский Гофман», лауреат премии «Зодчий» им. Дм. Кедрина. Вошла в список выдающихся творческих людей Евразии OCA People по версии журнала OCA MAGAZINE (Лондон). Председатель Экспертного совета Гильдии по изобразительному искусству, амбассадор Гильдии в Подмосковье.

ВОРОНЬИ ДЕТИ

Плохое время – поздняя осень, когда снег на землю ложится, да до самой весны не тает. Голодное это время, гиблое.

Прячутся зайцы, серую рубаху на белую шубу меняют, белки в дуплах укрываются, чтобы до теплого солнца зимним сном забыться, птицы улетают далеко-далеко, к теплому доброму морю. Сиротеет в это время лес, затихает и замирает, только ветки на ветру скрипят, да лютые звери в чащобе рыщут, тщетно ища того, кого голод из норы выгонит.

В такое время одному в лес ходить – верная смерть, а только ни холод, ни голод милости не знают, в каждую щель заглядывают, в каждое окно стучатся.

Вот так пошел один крестьянин за хворостом, в самую чащу зашел, на волчий след набрел – а когда человеку звериный след под ноги ложится, и на человечий след зверь встает.

Услыхал крестьянин, как за спиной волки воют, бросил скорее вязанку, да пустился бегом прочь.

Только страх в лесу – плохой проводник. Все деревья одинаковыми кажутся, все тропинки змеиным клубком путаются, каждая ветка за рукав схватить норовит, каждый корень – под ноги броситься.

Ободрал крестьянин одежду об ветки, споткнулся об корень, упал, повредил ногу. Далеко ли убежать хромому, когда волк кровь за версту чует?

Из последних сил крестьянин прошел еще сколько-то шагов, запнулся о корягу, упал на холодную землю. Тут мазнула по земле черная тень, на мгновение солнце закрыла. Поднял крестьянин голову и увидел, что кружит над деревьями черный ворон. Сжалось у мужика сердце – известно же, что смерть да беда под руку ходят, волк да ворон друг другу брат и товарищ, куда один, туда и другой, один снизу чует, другой сверху видит, один зверя бьет, другой на костях пирует.

Почувствовал крестьянин, что совсем уж смерть ему в затылок дышит, обуял его страх – на что угодно согласился бы сейчас, лишь бы в живых остаться. Будь у него золото – отдал бы все до последней монетки, будь у него земля – отдал бы до последней горсточки, а выскочи из-под земли нечистый – души бы не пожалел.

А ворон, между тем, все ниже кружит, над самой землей уже вьется. Опустился он на жухлую траву, да бочком-бочком к добыче направился.

– Пожалей меня, птица, – взмолился крестьянин, – не губи меня, не клюй мою ногу. Я тебе за то каждый день буду оставлять хлеба и мяса.

Поглядел на него ворон черным глазом, все ближе да ближе подбирается.

– Оставь меня в живых, – молит крестьянин. – Отдам я тебе за то все блестящие вещи, что в доме моем найдутся.

Смотрит на него ворон, а сам все ближе да ближе подбирается, уж совсем рядом по траве расхаживает.

Завыли где-то за деревьями волки, заплясал их вой среди зарослей, подхватило его дальнее эхо. Последнего ума крестьянин лишился, прочь пополз, а сам все молит:

– Спаси меня, птица, не губи меня, пожалей! Уведи волков, отведи беду! Все, что хочешь, отдам, хочешь – дом забирай, хочешь – пшеницу с поля склюй, хочешь, дочь мою в жены возьми!

Каркнул ворон громко, хлопнул крыльями, взлетел в синие небеса. А как скрылся он в небе, так крестьянин и сомлел, повалился на землю мешком.

Сколько он так пролежал – одному Богу известно, а как открыл глаза снова, увидел, что белый снег алой кровью перемазан. Лежат вокруг мертвые волки, и клюют их черные вороны. Осмотрелся крестьянин и увидел, что волки человеческой рукой убиты – кто мечом, а кто стрелой. Встал крестьянин на ноги, похромал прочь, а сам думает – кто же ему на помощь пришел, и отчего же его самого не тронул? Если бы охотники на выручку пришли, то нашли бы его тело на земле, если бы сочли мертвецом, так хоть забрали бы, чтобы похоронить по совести. Видно, разбойники лесные поблизости случились – ни собачьих следов, ни лошадиных подков на снегу не отпечаталось. Карманы, небось, обшарили, да только ничего дорогого у крестьянина в них отродясь не водилось. Разве что сапоги бы снять могли, да, видимо, побрезговали.

Вернулся крестьянин домой, отужинал чем пришлось и спать лег. А на рассвете слышит сквозь сон – стучит кто-то в окно, словно молоточком по деревянным ставням прохаживается. Подошел крестьянин к окну, видит – бьется снаружи черная тень. Ушла у крестьянина душа в пятки, а тень все сильнее стучит, слышно, как когти по деревянным ставням скребут.

Открыл крестьянин окно, и влетел в комнату большой черный ворон. Сел на спинку кресла, перья отряхнул и сказал человеческим голосом:

– Здравствуй, человек! Я вороний король. Мои подданные вчера твою жизнь спасли, пришел я теперь получить обещанную награду.

– Какую тебе награду отдать, птица? – спрашивает крестьянин. – Хлеба и мяса или блестящих вещей?

– Хлеба и мяса у меня достаточно, а блестящими вещами сундуки забиты, – отвечает ворон. – Обещал ты мне свою дочь в жены. Отдай мне ее.

Похолодел крестьянин, вспомнил, что и правда обещал ворону дочь в жены отдать.

– Не могу я тебе дочь отдать, птица, нет у меня за ней никакого приданого, – сказал он.

– Об этом не печалься, – ответил ворон. – Ни к чему мне ее приданое. Если станет она моей женой, то ни в чем не будет знать нужды.

– И к свадьбе у меня нет никакого подарка, и платье сшить не успели, – продолжает крестьянин.

– И это не беда, – говорит на это ворон. – Отдай мне свою дочь, и у нее будут платья не хуже, чем у других королев.

Видит крестьянин – ничем ему не оттянуть воронью свадьбу.

– Негоже, – сказал он, – невесте выходить замуж, даже с подружками на посиделки не собравшись. Дай мне времени до завтрашнего дня, чтобы справили мы свадьбу, как подобает.

– Это можно, – согласился ворон, – даю вам времени до завтрашнего рассвета. На рассвете пусть приходит она на лесной холм, будем мы ее там дожидаться. Да смотри, чтобы не опаздывала – не любят мои подданные обманщиков.

Каркнул ворон, захлопал крыльями и вылетел в окно. Опечалился крестьянин, не знает, как сказать об этом дочери, что придумать, чтобы от свадьбы ее избавить. Лучше бы и впрямь его накануне волки в лесу задрали, лучше бы разбойники лесные по его душу явились!

Спустился он вниз, а дочь уже у печи хлопочет, на стол накрывает. Увидела она, как печален ее отец, стала расспрашивать, что случилось.

– Спал я плохо, Мария, – ответил ей крестьянин, – нога все ночь ныла, видно, на плохую погоду жаловалась.

Только сказал так – а в окно кто-то будто молоточком постучал: тук-тук! Тук-тук! Поглядел крестьянин в окно, и мелькнула там черная тень, будто облако на тучу набежало.

– Кто там стучит, отец? – спросила Мария.

– Нет никого, – ответил ей крестьянин, – это ветер сухую ветку обломил.

Так прошел час, а за ним и другой, а следом и третий, и поднялось солнце высоко-высоко, полдень настал. А крестьянин все печалится –

быстро солнце по небу бежит, ни одной секунды не жалеет, как же быть, как дочь спасти?

Увидела Мария, что отец ее невесел, снова спросила, отчего он так тих и задумчив.

– Ломит старые мои кости, – ответил крестьянин, – видно, быть плохой погоде.

Только сказал так – а в окно кто-то будто молоточком постучал: тук-тук! Тук-тук! И снова мелькнула черная тень, будто кто ладонью солнце закрыл.

– Кто там стучит, отец? – спросила Мария.

– Нет никого, – ответил ей крестьянин, – это калитка на ветру скрипит.

Поднялось солнце выше крыш, выше леса, а потом снова вниз покатилось. Целый день крестьянин голову ломал, где спасения искать, кого на помощь позвать, да только негде ему было взять ни дорогих подарков, ни сильного войска. Некому на помощь прийти, некому дочь защитить. А солнце все ниже клонится, а там уж и туман ночной из болот поднялся, из леса выбрался, вот-вот всю землю затянет.

Увидела Мария, что отец ее мрачнее тучи сидит, снова стала расспрашивать, что за беда стряслась. Не выдержал крестьянин, повинился ей, рассказал о том, что пообещал ее в жены вороньему королю.

Опечалилась Мария, но виду не показала.

– Вы, батюшка, слово его величеству дали, теперь держать его надо, – сказала она, и пошла готовиться к свадьбе. Достала из сундука самое нарядное платье, которое лишь по большим праздникам надевала, расчесала золотую косу, завернула в платок нехитрое приданое – нитку бус, зеркальце, бутылку вина да кусок пирога. Затем спустилась вниз, сели они с отцом рядышком, да так всю ночь и проплакали. А как начал ночной мрак рассеиваться, так простилась Мария с отцом и отправилась в лес, по тропинке, что вела к холму.

Тихо в лесу на рассвете – птица не чирикнет, ветка не шелохнется, лютые звери в логовища попрятались. Идет Мария по тропинке, а сама по сторонам смотрит, в кроны деревьев вглядывается – где-то ждет ее

нареченный?

Глядела-глядела она вверх, так никого и не увидела – только голые ветки шелестят, будто шепчут что-то ей вслед. Никто ей по пути не встретился – ни зверь, ни птица, ни огонек болотный, ни человек случайный. Дошла она до лесного холма, видит – расстелено на нем большое алое покрывало. Оглянулась Мария – ни души вокруг. Решила она тогда на покрывало присесть, достать хлеб и вино, чтобы угостить жениха, когда он явится, как вдруг потемнело кругом, будто снова ночь настала. Налетела со всех сторон воронья стая, подхватила покрывало за края, подняла над лесом и устремилась прочь.

Испугалась сначала Мария, а потом успокоилась – ровно ее вороны несут, как будто не по небу она летит, а по озерной глади на лодке плывет, только ветер ее косой золотой играет.

Долго летели вороны, над лесами, над полями, над городами, над горами и озерами. Наконец, кончилась внизу земля, началось бескрайнее море. Поглядела Мария вниз, видит – вздымаются там высокие волны, кружат над теми волнами белые чайки.

Наконец, показался вдали остров, и стоял на том острове замок с высокой башней. Прилетели вороны на самый верх башни, опустили покрывало бережно, расселись вокруг. Не успела Мария на ноги подняться, глядь– а вокруг нее не птицы, а люди, и склонились они все перед ней, как перед королевой. И лишь один человек, высокий и черноволосый, не склонил головы, увенчанной короной. Он подошел к Марии и протянул к ней руки, и ласково молвил:

– Не бойся меня, Мария! Я – вороний король, твой нареченный. Будешь ты теперь моей женой и нашей королевой.

Поглядела Мария ему в глаза – а те оказались черны, как зимняя полночь, хотя и смотрели на девушку с нежностью. Испугалась Мария, вспомнила, куда попала, чуть узелок с приданым не выронила. Ну да делать нечего, обратной дороги нет – разве что в воду с высокой башни броситься. Набралась Мария смелости, протянула руку в ответ – и отвел ее король вниз, в пышно убранные залы.

Сыграли люди-вороны веселую свадьбу, и зажила Мария во дворце в счастье и достатке.

Хорошо жилось девушке у вороньего короля – собирали вороны со всего света для нее диковинные фрукты и благоуханный мед из жарких южных краев, дорогие ткани и добрые шкуры, а пуще того – волшебные сказки о далеких странах. Все, чего бы ни пожелала Мария, приносили для нее в замок. По утрам она поднималась на башню и любовалась солнцем, встающим над морскими волнами, а по вечерам, когда возвращались в замок ее подданные, пировали они все вместе за большим столом и рассказывали, что повидали в дальних странах.

Одно только печалило Марию – не могла она покинуть замок, не могла увидеть своими глазами то, что видели ее подданные, не могла вдохнуть аромат диковинных цветов и побывать в чужедальних краях. Днем, когда разлетались вороны прочь из замка, оставалась Мария одна, и лишь слуги могли развлечь ее беседой и утешить игрой на лютне. Тосковала воронья королева, печально бродила она по коридорам замка, глядя на то, как сверкает за окнами море.

И однажды сказала Мария супругу:

– Как бы я хотела стать птицей! Полетела бы я с тобой, повидала бы дальние края, послушала бы чужие песни. Каждый день ты покидаешь меня, и мое сердце разрывается от тоски.

Нахмурил король-ворон свои черные брови, однако же взял жену за руку и ответил:

– Я исполню твое желание, Мария, но пообещай, что не нарушишь наш уговор. Дам я тебе мои перья, надень их и лети, куда пожелает твоя душа. Но помни, что летать можно лишь тогда, когда луна сменяет на небе солнце – без луны ты заблудишься в ночной темноте, а яркие лучи солнца обожгут твои перья.

Мария пообещала, что не забудет оба условия. И на закате, когда солнце скрылось в морских волнах, поднялась молодая королева на башню и увидела кучу черных перьев, что лежала на самом верху. Сбросила Мария свое богатое платье, надела вороньи перья и взлетела в ночное небо.

Как хорошо было парить над морем, как весело играть в догонялки с

ветром! Полетела Мария прочь от замка, над морским волнами, над лесами и городами. Ярко светила в небе луна, и земля внизу была похожа на огромный цветной ковер, на котором были вытканы реки и горы, дороги и города, деревья и деревушки.

Налеталась Мария вдосталь, нагляделась на чужие края и к рассвету вернулась в замок. Сняла черные перья, надела богатое платье и вернулась в свои покои.

С тех пор каждый раз, когда ярко светила в небе луна, покидала Мария замок, улетала на крыльях ветра, поглядеть на далекие страны и послушать чужие песни на диковинных языках, то певучих, а то резких и грубых.

Но чем больше летала она в другие страны, тем сильнее в ее сердце разливалась тоска по дому. Хотелось молодой королеве повидать родную деревню, поглядеть, как живет ее старик-отец. И вот однажды, когда луна светила в небе особенно ярко, не утерпела Мария, полетела прочь от замка к родному дому. Долго летела она над лесами, полями и реками. Посвежел предрассветный ветер, заалело ночное небо – и отчаянно забила Мария черными крыльями, увидев за лесом родные крыши. Все ближе становилась ее родная деревня, но все ярче пылало алое небо. Только и успела Мария покружить над крышей отчего дома, заглянула в окошко и полетела скорее обратно.

Торопится Мария, облетает тучи, а небо уже совсем раскраснелось, словно спелое яблоко. Все выше солнце, все жарче его лучи.

Торопится Мария, обгоняет ветер, все дальше улетает от деревни. Все выше солнце, все жарче его лучи.

Вот уже и пропали из виду города и деревни, и расстелился внизу пестрый лесной ковер – а солнце уже поднялось, и засияло в румяном небе, осветило леса и реки, обожгло черные перья, и осыпались они черным пеплом, и унес тот пепел утренний ветерок.

Упала Мария вниз, в лесное озеро, кое-как на берег выбралась, огляделась по сторонам – а кругом непролазная чаща, ни тропинки, ни дорожки, ни зверя, ни человека. Нарвала Мария камышовых листьев, сплела какую – никакую одежку, укрылась своими золотыми волосами, как теплым плащом, поела с куста ягод и пошла сквозь лес – может быть, подвернется под ноги тропинка, может быть, встретится на той тропинке кто-нибудь.

До самого вечера проплутала молодая королева в лесу, и ни встретилось ей ни души, не попалось ни тропинки, ни дорожки. Уснула Мария под деревом на мягком мху, а как рассвело, снова пошла вперед. Так прошел еще день, и еще день, пока, наконец, молодая королева вовсе не выбилась из сил.

– Видно, судьба мне остаться в лесу, – сказала она себе, – не послушалась я наказа, не вернулась в замок до рассвета.

Отыскала она в лесу ручеек, собрала хвороста и построила себе шалаш. Зажила Мария в лесу, собирая грибы и ягоды, умываясь водой у ручья. Вскоре родились у нее двое детей, мальчик и девочка, черноглазые и черноволосые, ни дать, ни взять – воронята. Как вороньи птенцы быстро на крыло становятся, так и дети Марии скоро на ноги встали, а потом и на крыло – каждое утро обращались они в птиц и улетали от своей матери. И весь день Мария трудилась – собирала хворост, искала грибы и ягоды, а сама все глядела в небо – не пролетит ли мимо ворон, не подаст ли весточку своему королю? Не забыл ли черноглазый владыка воронов свою жену, не осерчал ли за то, что она ослушалась его? Ждала молодая королева, надеялась, что отыщет ее однажды возлюбленный супруг, и глядела, как бегут по небу белые облака.

А каждый вечер, как начинало солнце клониться к закату, выходила Мария из шалаша и пела песни. И дети, заслышав ее голос, возвращались обратно и снова становились людьми, обнимали мать, ели ягоды с ее рук и спали на мягком мху, и укрывала их Мария своими золотыми волосами.

Как-то раз случилось так, что выехал в тот лес на охоту один молодой граф. За весь день не встретилось ему никакой подходящей дичи, и, приметив в небе двух воронят, граф подумал – дай-ка хоть их подстрелю, чтобы не с пустыми руками возвращаться. Подглядел он, в какую сторону воронята полетели, и направился следом. Но, зайдя глубоко в лесную чащу, услышал молодой человек прекрасный женский голос, и пел тот

голос ласковую песню. Удивился граф – кому бы петь в глухом лесу? Может, то лесная ведьма скрывается от людских глаз? Может быть, то прекрасная принцесса томится в плену у лихих разбойников? Пошел граф на голос, ведя коня в поводу, и вышел к лесному ручью, и увидел Марию, сидевшую возле шалаша. Мирно спали ее дети-воронята, укрытые золотыми волосами, и тихо пела им Мария колыбельные песни. Граф замер, пораженный ее красотой, но хрустнула под копытом его коня сухая ветка. Испугалась Мария, пробудились ее дети, и хотели убежать в лес. Но граф подошел ближе, и, протянув руку, сказал:

– Не бойся меня, красавица! Я не причиню тебе зла. Я охотился в этом лесу и услышал твою песню. Кто ты такая, и отчего прячешься здесь, в этой темной чаще?

Сказала ему Мария, что возвращалась она домой, погостив у отца, да заблудилась ночью в лесу, и не смогла найти ни дорожки, ни тропинки.

– Негоже такой красоте пропадать в глухом лесу, вдалеке от людских глаз, – сказал граф. – Дай же мне руку, красавица, я отвезу тебя в свой замок.

Мария, подумав, согласилась – истосковалась она по живым людям, по звонкой музыке и по долгим беседам, по тем пирам, что каждый вечер устраивали в королевском замке ее подданные-вороны. Да и там, где человеческое жилье, всегда и птицы рядом кружат – может быть, отыщет ее кто-нибудь из подданных, может быть, увидит ее, пролетая над домами и передаст весточку своему королю?

Подала она графу руку, и посадил он Марию вместе с детьми на своего коня, и повел его из лесу.

Привез граф Марию в замок, повелел приготовить для нее горячую ванну, принести лучшее платье и подать на стол самые изысканные кушанья. А уж как взволновались ее дети-воронята! Только и успевали вертеть по сторонам головами и выспрашивать, для чего то, а для чего это – ведь в лесу у них не было ни мягких постелей, ни столового прибора, ни свечей. Вовсе не понравилось вороньим детям в человеческом жилье после вольного неба и густого леса – здесь кругом были каменные стены, а на окнах – плотные ставни, а вместо травы и цветов под ногами стелились пыльные ковры и шкуры убитых зверей.

Стали они проситься у матери полетать, но Мария строго им сказала:

– Отпущу я вас полетать до зари, но глядите – чтобы никто не увидел, как вы обращаетесь в птиц, а не то не миновать нам беды.

Согласились на то воронята, обещались матери, что будут летать только на заре, и никому на глаза не покажутся.

Между тем граф, плененный красотой Марии, твердо вознамерился добиться ее руки. Он то и дело старался развлечь ее остроумной беседой или обрадовать дорогим подарком, повелел подавать ей самые изысканные фрукты, ставить в вазы самые благоуханные цветы.

Он не отпускал ее ни на шаг, не дозволяя покидать замок, если не мог сопровождать ее в поездке, и приставил самых покладистых и вышколенных слуг, готовых исполнить малейший ее каприз. Он нанял самых искусных музыкантов, чтобы они услаждали слух лесной красавицы игрой и пением. Но Мария оставалась холодна и печальна, и совершенно глуха к ласковым речам и забавным шуткам – ее сердце принадлежало возлюбленному супругу, вороньему королю. Часто поднималась она на стены замка и глядела в небо – не пролетит ли там черная птица?

Однако граф не терял надежды растопить ее сердце, и потому совсем позабыл и о дружеских визитах, которые прежде непременно наносил соседям, и об охоте.

Такое положение дел не могло не вызвать недовольства среди приятелей графа, особенно среди тех его пожилых соседей, кто был бы не прочь заполучить его в зятья, а вместе с ним – его земли и богатства. Особенно претило уважаемым дворянам, что столь завидный жених предпочел их высокородным дочерям оборванку из леса, будь она хоть трижды красавица.

– Уж не ведьма ли эта женщина? – шептались они между собой.

– Не может быть такого, чтобы человек уважаемый и родовитый совершенно потерял голову от любви к первой встречной нищенке. Должно быть, она околдовала его. Может быть, она и вовсе нечистый дух, утопленница из лесного озера!

Однако граф не желал и слышать подобных глупостей о своей воз-

любленной невесте.

– Все это чушь, – отвечал он. – Она – просто несчастная женщина, заблудившаяся в лесу и лишившаяся родных и крова. Разве может быть нечистый дух прекрасен, как божий ангел? Разве бывают у утопленниц такие прекрасные золотые волосы?

– Отчего же тогда ее дети так бледны и черноволосы? – спрашивали его. – Может быть, их отцом был нечистый дух, и за то выгнали ее из отчего дома!

– Все это чушь, – отвечал граф решительно. – Бедные дети росли в глухой чаще леса и совсем не видели солнца.

– Отчего же тогда она так часто поднимается на крепостные стены и глядит вдаль? Уж не хочет ли она сглазить наши поля и леса?

– Все это чушь, – говорил граф. – Бедняжка провела много дней в лесу и еще не привыкла заново к человеческому жилью.

И на всякий вопрос находился у него подобный ответ, и очень скоро соседи окончательно уверились, что молодой человек находится во власти любовных чар. Они даже пригласили из столицы известного священника, но граф прогнал его от порога прочь, не дав вымолвить ни слова.

Однажды граф засиделся за бумагами до самого рассвета, и, поглядев в окно на занимающуюся зарю, вновь подумал о Марии. Как, должно быть, она хороша сейчас, спящая в лучах рассвета! Как, должно быть, похожи ее нежные щеки в розовом свете на лепестки роз!

Охваченный сердечным пылом, граф тихонько поднялся к спальне Марии, желая полюбоваться возлюбленной красавицей, пока она спит. Мария крепко запирала двери каждую ночь, но у графа, как у хозяина дома, имелся ключ от всякой комнаты. Будучи человеком благовоспитанным, он уважал покой своей гостьи, но сейчас ему подумалось, что уж от того, что он одним глазком поглядит на Марию, никакого вреда не случится.

Но, подходя к двери, граф услышал негромкую песню – и с удивлением узнал голос Марии. Отчего же ей вздумалось петь в столь ранний час?

Граф открыл дверь ключом и увидел, что лесная красавица стоит у раскрытого окна, напевая те самые слова, что вывели его из леса и привели к озеру. И, не успел молодой человек опомниться, как в окно влетели два черных ворона, и обратились в черноволосых детей, и бросились к матери в объятия, спеша рассказать, где летали и что повидали.

От изумления граф вскрикнул – и Мария в ужасе оглянулась, и спрятала детей за спину, но было уже поздно.

Понял граф, что слухи не обманули его, и что пригрел он в своем доме ведьму. Он повелел заточить Марию в подвал вместе с ее нечистыми детьми, а сам отправил слуг за тем самым священником, которого когда-то прогнал прочь. Вся горячая любовь, что пылала в его сердце, очень скоро остыла – ведь граф уверился, что стал жертвой любовного заклятья, а потому предпринял все меры, чтобы как можно скорее избавиться от этой пагубной страсти.

Возвратившийся священник, выслушав графа, сказал такие слова:

– Как разгоняет свет солнца тьму, так и истина всегда одолеет ложь. Вашему сердцу хватило силы, чтобы отогнать злые чары, но ваша борьба еще не окончена. И для полной победы над семенами отравы, что проросли в вашем доме, следует выжечь пагубные сорняки дотла. Ведьму следует сжечь вместе со всем ее потомством, иначе вы никогда не освободитесь от наложенного ею заклятья.

И граф повелел сложить во дворе огромный костер, намереваясь сжечь Марию на следующее же утро.

Со страхом смотрела несчастная воронья королева в маленькое окошко, как растет огромная куча хвороста, и чем больше становилась она, тем горше плакала Мария. Плакали и ее дети – привыкшим к небу и вольному ветру, им было душно и страшно в темном сыром подвале, среди голых каменных стен.

Наконец, все было готово, и утомленные слуги, весь день свозившие дрова и хворост, разошлись отдохнуть. Во дворе смолк всякий шум, и только будущий костер темнел посреди двора, похожий во мраке на лесное чудище.

Утомленная страхом и слезами Мария прикорнула, укрыв золотыми волосами возлюбленных детей, но стоило ей сомкнуть глаза, как кто-то стукнул в окошко подвала – сначала раз, а затем и другой. Промелькну-

ла в тусклом свете луны неясная тень, и снова пропала. Мария открыла глаза и увидела, что у самых ее ног лежит черное птичье перо. Затем снова кто-то стукнул в окошко, и снова большое черное перо опустилось к ногам королевы. Мария выглянула – и в этот миг к самой решетке подлетел черный ворон, и бросил в окошко перо, и со всей силы ударил по решетке клювом. И стоило ему улететь, как следом явился еще один, и еще один – так же неустанно, как носили хворост графские слуги, черные птицы приносили к окошку большие перья. Так трудились они всю ночь, и к рассвету на полу подвала скопилась целая груда перьев.

Тут заскрипели железные двери, повернулся в замке ключ, и вошли в подвал священник и палач, чтобы отвести Марию и ее детей на костер. И в этот момент подлетел к окошку самый большой, самый черный ворон, и ударил клювом по решетке – и выпала она из петель. И Мария мигом надела черные перья, и обратилась черной птицей, и обратились птицами ее дети, и вылетели они все втроем в окошко, и ни палач, ни священник не успели поймать их.

Улетели вороны далеко-далеко, и вернулись обратно в свой замок, стоявший посреди моря. И когда король и королева, и их дети-воронята снова стали людьми, бросилась Мария мужу на шею, и плакали они, и обнимали, и целовали друг друга.

И рассказал вороний король, что искал ее так долго, потому что не мог взлететь в небеса – ведь Мария забрала его перья, а после сожгло их солнце. И тогда каждый из его подданных принес ему по одному перу из крыла, и тогда сумел взлететь вороний король, и мигом отыскал свою возлюбленную супругу. И вовремя – ведь еще чуть-чуть, и стряслась бы большая беда.

– Искал я одно сокровище, а обрел сразу три, – сказал король, обнимая детей-воронят, – и теперь сердце мое полно радости.

И устроили они большой праздник, и продолжался в их замке пир три дня, пока каждый из подданных не наелся так, что не смог никуда полететь.

И с тех пор жили они в любви и счастье, и до сих пор так и живут, и летают их потомки по белому свету. Ступай, погляди в окошко: кружат над лесом черные птицы – уж не дети ли то вороньего короля?..

YELENA BEZRUKOVA

Yelena Bezrukova (Mussiyenko), Almaty, Kazakhstan. Candidate of Psychological Sciences, Ph.D., business coach, psychologist, entrepreneur, author of projective graphics, award winner of literary contests, member of the Advisory Board of the Guild and Chairperson of the "Business Coaching" Expert board of the Guild. The creative activities of a modern-day person are multifaceted. Classic genres of arts are updated, new directions appear, creativeunions develop and life itself becomes the source of inspiration. Love for the figurative arts and a desire to share the impressions of the audience gave a push to the creation of such an area as literary miniatures to paintings. In 2019, the "ARKADA-INFO" publishing house, with the support of the Guild, issued a catalogue "Paintings through a writer's eyes". Miniatures are meant to help the readers to see and feel contemporary figurative art in greater depth. In 2020 the psychological fairy tale "Feathergrass Princess" was created, the excerpt of which, you can find below.

MINIATURE TO THE PAINTING "LOVERS" BY LIDIYA DROZDOVA

They were blessed. They lived happily ever after on the earth. And then they were lucky again to live even happier days in heaven. The state of love was so natural for them that they could not even imagine the world without each other.

But once, something went wrong.

They were born with the sheer confidence that they would definitely meet and continue their serene existence. The man and the woman were growing up, but the long-awaited encounter did not happen. It was time for them to start their family, however, these two characters were avoiding that step by all means. But life without love is a crime against life.

Sometimes, the woman would see a glimpse of the familiar silhouette in the morning mirror. And the man would daydream of the enticing vision on the mirror-like surface of the still lake. The lovers were communicating in their dream and did not want to wake up.

One day, our couple realized that they would never be together. It became apparent that they lived in different universes! Their bodies were not able to breathe on the same planet of the other half.

On the day of the Great Holiday, our beautiful heroine went to the river. She was thinking about her secret misery and became wistful.

The young man was standing at the shore of the ocean and drearily thinking of his life.

Some inner impulse, some power, was drawing each of them into the water. They were slowly plunging into the wet depth. Step by step their hearts were thumping towards their love...

A mature man and a middle-aged woman emerged from the tough and thick space. The glassy-mercury mass was filling everything around them. Their flesh was occasionally tinkling with the pieces of broken mirrors.

The lovers created their images in the reflection of the pale airwaves. And as soon as they noticed each other's silhouettes, they dashed towards each other, tearing apart the atoms of the unknown matter.

Their kiss dissolved the rough matrix of the Mirror-world, cancelling the broken program of their lives. Their love smoothed out the sharp edges of their bodies. It created a new planet, a new galaxy and a time for them. It breathed joy into their souls and filled all the vibrations of the new reality with light.

MINIATURE TO YELENA BEZRUKOVA'S GRAPHELV "LEMURIAN"

What was I thinking about when I scribbled this doodle?! Well, about something mundane, probably "what to cook for dinner". But then I was amazed to perceive the image of an ancient civilization on paper.

Once, a long time ago, I read about ancient Lemuria. I tried to imagine what they looked like, those delicate Lemurians. I even created a theory of speech development based on my knowledge of Atlantis and the continent Mu...

But I have never tried to draw them. The forefathers seemed so unapproachable to my dexterous hand, flying over a sheet of paper...

And here he came by himself. With his delicate cast of features, with those deep beautiful eyes. With a trace of a smile on his face and active head "tentacles". I have no idea what those things are called that would later turn into the hair of a modern person!

I conduct my training and he is watching me as I play games with my students, and he is looking out from his frame. I write at night and he is here next to me again...

It seems that I mean something to this creature with the swan silhouette on his head. We have probably known each other for a long time.

Every inhabitant of the Earth carries molecules of water that were born in the era of the dinosaurs. There are blood cells in each of us that we have carried on throughout hundreds of thousands of years.

Since the past, which exists nearby, those blue-skinned creatures have been watching us. They are very worried about the planet. In the old days they gave the voice to the mountain spring, to the delicate nightingale and the night leaves. They taught the flowers how to make scents. But they cannot influence our reality anymore, they follow the Grand Treaty of Will.

And this Lemurian is peculiar as he managed to materialize on the carton via my state of spontaneous drawing. And now he boldly reports to the "General staff" about what is going on in the centre of Almaty Universe.

Oh! It's an honour to represent the entire planet! Together with the clients who demonstrate their spiritual and cerebral ascension every day. And based on the mild look of the cosmic guest, we are moving in the right direction and that's pretty great!

Say hello, our pink hero, to the starry friends in the mysterious Fantasy world.

EXCERPT FROM THE FAIRY TALE "FEATHERGRASS PRINCESS"

Our Princess came to this world of the new land where the steps were endless, and dry feathergrass was bowing because of the frolics of the wind.

She could not do anything right, and nothing went the way she wanted. Her parents did not love her, she had no friends. And her soul was filled with eternal and inexplicable pain. And wherever she tried to go, she would bang into a dead-end.

She got married, thinking that this man would make her happy. But he was just a mirror reflecting her determination of self-punishment, in full and in good earnest. That marriage left her with the sharp pieces of delusional happiness that she, naïve as she was, created in her imagination.

Despite her miseries, the Princess obtained a good education, was well-read, had aristocratic manners and was slim and delicate. The royal descent could be traced far from her previous royal life.

God sent his love to her rescue in the form of a little daughter. The girl loved her mother very much and helped her in every way. Princess's daughter was ready to do anything to make her mother happy! But these efforts of the blue-eyed love were unnoticed by our heroine of the fairy tale, and she preferred to keep on bearing her own cross and suffer.

Now and then, she would conjure for heaven's help. And she received it almost instantly in the form of kind people who happened to be nearby; her own talents that helped her feed her small family; wise ginger cats that were scaring away unwelcome shadows every night. But Feathergrass did not hear anyone and did not see anyone. And when she felt unbearably bad, she just dreamed of lying down and not getting up ever again.

Once, Wind, the magician came to our Princess.

"So, my dear, maybe you should stop self-torturing?"

The Princess could not reply to that.

Then, at night Wind took the sleeping girl from her bed and brought her to the edge of the galaxy, silently flapping his wings.

They sat on the starry bridge and watched the interstellar circle dance.

"Listen to me, Princess. Maybe now, when you are far from your anguish, you will be able to understand. Look at the starry fields. What do you see?"

"Eternity," the astounded Princess responded.

"Eternity is life. You people, believe that there is not enough of everything there and that if you get something you will need to pay for it.

You loved your husband, and it seems like you had to sacrifice your parents' lives for that. But it is not true.

You do not need to pay for love. Love is life. And life is an eternity. The more there is love, the more eternity there is. Love creates eternity, and there are new worlds and lives in it. There is no love in death.

"Then why did I lose my parents and my father's house if love is only creating?" Princess asked.

"Because you made your choice. Choice means taking, carrying, tasting and perceiving, choice even means life and love..."

"But in your perception, "choice" is a "split-off". You take one thing and refuse the other. And whatever is cut off, dies without love. You chose life with your husband and renounced your love for your motherland. But nobody interfered with you keeping love to your parents while you were married and giving half of your heart light to your own kingdom. The king and the queen also made their choice – they cut their love separating it from you. And they ended their walk in this life so sadly. And when you returned to your motherland, you chose again. Between love and grief, you chose grief, depriving yourself of a life worth living."

Princess Feathergrass listened to him attentively, trying to comprehend the Magician's words.

"And how could I act differently?" She whispered, flabbergasted.

"You could fill your father's house, the entire kingdom, and the memory of your parents with the warmth of your heart. And you loaded that vessel, which could have contained love, with guilt and torments. What a mixture you created there – grief, guilt, and self-punishment. There is no way happiness can make its way through to such a soul from outside."

"What about all the injustice in life that I got in my subsequent incarnation? I am a very good and honest person, but there is only evil and deceit in my life," Princess pronounced indignantly.

The Wind continued:

"When you refused to love, you deprived yourself of eternity, leaving only a tiny, limited space. The internal walls of that box are mirror-like; they reflect the unlit by the light of your consciousness' corners of your soul. And the more you strive to tear away from your little world, the deeper those cold pieces of glass cut you. And there is your justice, your right and then what is left? You see the reality only from one side, in one dimension."

Princess was silent for a long time. Then, looking into the Wind's eyes, she asked:

"Dear friend, tell me what I should do then?"

"She finally sees me, for the first time in several centuries," the Magician rejoiced.

МАРИЯ МУЧИНСКАЯ

Я пенсионерка, занимаюсь в школе-студии иконописи, с 2019 года увлеклась написанием книги о людях живущих в XX веке в деревне, где родилась, так появились на бумаге первые стихи и эссе. Член литературно-художественного объединения "Рунь", стихи и эссе напечатаны в районной газете, региональной газете, а Антологии русской поэзии 2020 и Антологии русской поэзии 2021, в Альманахах "Славянская лира". Мечтаю найти архивные данные о церкви, которая существовала на моей малой родине уже в XV веке и была разрушена в шестидесятых годах XX столетия, восстановить звонницу на кладбище.

ГОРИЗОНТ

Был тёплый летний день. Солнышко во дворе очень ласково рассыпало свои лучи. Забавно играло, прыгало зайчиком по волнам, которые Марта создавала своей рукой на воде. Вода в корыте была тёплой, она с утра грелась на солнышке. Девочку всё веселило, она забавлялась с солнечным лучиком, перекрывала ему путь ладонями, потом пропускала, делая лазейки между пальцев. Проказничала, рассматривала свою тень и не могла понять, как она появляется и почему движется вместе с ней, дурачилась, баловалась, пока не упала в корыто. Вся мокрая выскочила из воды и села на крыльце, чтобы высушить платье. Просила солнышко помочь, отдать ей все лучики, пока не высохнет её одежда. Глядя вдаль, озорница заметила, что воздушное, белое, как снежный сугроб, облако лежит на холме.

Облака устали очень,
Прилегли на горке спать.
Побегу к ним, что есть мочи,
Чтоб про Ангелов узнать.

Она знает этот холм, вместе с мамой ходили через него в лес собирать ягоды. Марта вспомнила, как её бабушка рассказывала, что на облаках живут Ангелы, они помогают тем, кто живёт на Земле, приносят им счастье. И ей так захотелось попросить их забрать её хворь, что она мгновенно решила пойти к ним на встречу. Болеть для неё было не страшно, она может всё выдержать, но её недомогания приносят родителям много хлопот. А ещё, из-за болезни её не отпустили вместе с братом в первый класс. «Правда, бабушка сказала, что нельзя подняться на облако, но она ведь старенькая и, к тому же, не очень хорошо видит», – подумала девочка и стала собираться в дорогу.

Любит бабушка так книжки,
Только глазоньки болят.
Ей читала, как детишкам,
Сказку «Семеро козлят».

Смелая путешественница твёрдо решила, что пока родители вернутся домой, она успеет поговорить с Ангелами, и они обязательно ей помогут. Марта не боялась идти одна, она считала себя взрослой, ведь ей уже было почти пять лет. Девочка умела писать, знала сказки Пушкина наизусть. Да и как она могла не знать? Её бабушка очень любила, когда внучка рассказывала ей различные истории, поэтому фантазёрка всегда готовилась к её приходу, читала новые сказки, рассказы, часто сама сочиняла. Она в свои четыре с половиной года прочитала много книг. Бабушка тоже о многом интересно рассказывала своей любимой внучке. От неё любознательная Марта узнала о Боге, об Ангелах, о многих травках, которые лечат, о том, как тяжело бабушка работала, когда была маленькой...

Отважная девочка взяла с собой ломоть хлеба с маслом, молока и направилась к облакам.

По дороге охотно рассказывала о своём путешествии птичкам, бабочкам, которые её сопровождали в пути. Они, как верные друзья, то залетали вперёд, то ожидали на холмике. В траве стрекотали кузнечики, вдоль дороги рос овёс, он шелестел колосками, и девочке казалось, что все вокруг шепчутся именно о ней, поддерживают её и немного завидуют.

Прошептали всем колосья:
«Марта к Ангелу идёт».
У неё большая просьба:
Пусть здоровье принесёт.

По другую сторону дороги рос клевер. Его фиолетовые головки привлекали пчёл, они кропотливо собирали с них нектар для сладкого лакомства – мёда. Пчёлок Марта сторонилась, потому что они могли больно ужалить, а перед ней стояла важная задача. Конечно, пытливой девочке очень хотелось знать, как эти маленькие жужжащие насекомые достают нектар из мохнатых шариков клевера. Она раньше пыталась найти его там, но у неё ничего не получилось. Наверно, это большая пчелиная тайна. А чтобы никто не подсмотрел и не разгадал, пчёлы отпугивают жалом. Поэтому наша путешественница старалась, не обижая пчёлок, быстрее пройти этот участок дороги. Она понимала, что задача у неё сегодня была другая и очень важная: успеть увидеться с Ангелами. Сильно волновалась перед встречей. Было страшно, сможет ли им понравиться? Поэтому решила сплести себе венок из васильков, которые махали головками и рады были помочь. Они своими синими глазками смотрели на Марту и приглашали в гости. Она нарвала цветочков, подкрепилась краюхой хлеба с молоком и начала плести венок. Закончив работу, рукодельница надела его на голову и покрасовалась. Только после этого снова отправилась в путь.

Её ручки очень ловко
Заплели венок косой.
Изумлённо сведя бровки,
Любовалась красотой.

По дороге её заворожил душистый запах чабреца. Девочка не удержалась от соблазна рассказать ему о своём путешествии и, чтобы было веселее идти, захватила с собой полную жменю чарующего аромата, так как знала, что если даже придёт домой с опозданием, то чабрец её выручит. Очень уж вкусный из него чай.

Смелая путешественница шла и весь час любовалась облаком, которое всё время менялось: то вытягивалось в длину, то в ширину, то делалось круглым. Это нашу фантазёрку забавляло, она считала, что Ангелы играются с облаком, как она зимой со снегом. Она радовалась, что они там и, наверно, видят её и ждут. Поэтому так растерялась, когда увидела, что облако стало от неё убегать. Только Марта стала подходить ближе к пригорку, как облако начало отдаляться. Девочка попыталась просить, звать его. Говорила, что несёт аромат чабреца и рада будет с ним поделиться. Только облако стало ещё быстрее отдаляться и, когда она поднялась на пригорок, оно было уже так далеко, что растерянная девочка поняла: у неё не хватит сил догнать. В отчаянии она расплакалась, да так громко, что её окружили с сочувствием и бабочки, и кузнечики, и даже божья коровка. Притих ветер, не шелестели колосья, все переживали вместе с ней и молчали.

Облака уплыли с ветром,
Не догнал даже комар
С ними Ангелы, наверно?
Я чабрец несла им в дар.

Расстроенная путешественница со слезами неторопливо поплелась домой. Около деревни её встретил отец, Марта навзрыд поведала ему о своём горе и спросила: «Почему облако не захотело её подождать?». «Пошли быстрее, я тебе покажу», – сказал папа, и она побежала за ним.

В начале огорода стояла большая копна сена, она была не высокая, но широкая, напоминала половину очень большого мяча. Отец стал мастерить над ней навес. Девочка не понимала ничего, но хлопотала, чтобы ему помочь: подносила гвозди, подавала молоток, рубероид, веточки ели. В скором времени над копной красовался навес, он был немного выше за неё, а крыша его имела закругленную форму. Отец предложил дочери обойти вокруг копны, глядя вверх, и спросил: «Ну что, дотрагивается ли сено до навеса?» Марта звонко защебетала: «Нет, нет!» Чтобы она ещё больше убедилась в своей правоте, отец приставил к копне лестницу и попросил её взобраться наверх и снова спросил: «Лежит навес на копне или нет?» «Нет, нет!» – стала повторять девочка – «здесь очень много места». А теперь слезай и отойди далеко-далеко, прямо до забора, в самый конец огорода и посмотри. Она отбежала и закричала: «Навес лежит на копне!». «А сейчас» – сказал папа – «иди медленно и говори, что видишь». «Ой!» – закричала Марта. – «Место, где сено соединяется с навесом, отодвигается дальше и дальше! А копна становится больше и больше! Как интересно! Значит и Земля с облаками никогда не соединяется, но Земля же не похожа на мяч?» «О нет, доченька, земля похожа на очень-очень большой мяч, поэтому мы с тобой и не видим, что она круглая», – ответил отец. Девочка поняла, что чем дальше находятся предметы от нас, тем меньше они кажутся, и мы видим вдали линию соединения неба и земли. На ровной местности она кажется дальше, а там, где горки – кажется ближе.

Отец нежно погладил дочь по головке и добавил: «Есть такие науки, как «Физика» и «Анатомия», будешь их изучать, узнаешь много-много интересного».

Моя бабушка не лгала,
Облака ведь высоко.
На горе я зря рыдала,
К ним добраться нелегко.

«У тебя был очень сложный сегодня день. Ты, наверно, устала?» – сказал отец и повёл Марту в дом ужинать и спать. Как только она коснулась подушки, мгновенно пришёл сон. Девочка увидела во сне облако и услышала голос Ангела, который сказал, что сегодня был очень занят и не смог ей помочь. Он пообещал, что обязательно заберёт её хворь, ему очень понравилась её дружба с колосками, пташечками, цветочками, бабочками, понравилась её любознательность и смелость. Марта счастливая улыбнулась и увидела двух Ангелов, что спускались к ней с облака. Подойдя к кровати, они своими крыльями поправили одеяло, погладили по головке и, нежно поцеловав, поднялись снова на небо. Их крылья напоминали Марте руки мамы и папы. Маленькая путешественница вздохнула и поняла, что её Ангелы – это мама и папа, она должна их беречь.

МЕЧТЫ ДЕТСТВА

Самыми близкими друзьями Марты с раннего детства был лес и небольшое озерцо, что находилось на окраине болота. Оно было крохотным, но девочке казалось большим. Она не любила делиться своими секретами с подружками, свои чувства охотнее раскрывала деревьям и потокам воды. Когда что-либо случалось в жизни, бежала на луг и доверяла переживания волнам. Ветер на воде гонял рябь, а нашей героине казалось, что оно сопереживает, забирает и топит обиды в своих глубинах.

Лес был достаточно далеко, но Марта любила ходить за ягодами и пошептаться с деревьями. Они друг другу рассказывали о своих бедах, переживаниях. Сосновый лес дарил столько вдохновения, что девочке всегда было трудно с ним прощаться. Перед входом в лесную чащу возвышалась высокая гора, взобравшись наверх, героиня осматривала просторы и тонула в мечтах, что когда-то, повзрослев, сможет умчаться вдаль, рассказать всем о своих лесах, лугах... и одновременно увидит все красоты мира.

И, действительно, со временем она посетила много стран: увидела Ниагарский водопад, побывала во Флориде, на озере Мичиган, проехала поездом от Москвы до Владивостока, искупалась в Средиземном море,... но где-то в глубине души сгорала желанием проехать по шёлковому пути, познакомиться с Востоком. Он одновременно и манил, и пугал своими тайнами. Реплика Верещагина в кинофильме «Белое солнце пустыни» не давала покоя. Хотелось самой увидеть и понять смысл выражения «Восток – дело тонкое...», которое стало афоризмом в повседневной жизни. Какой-то магический смысл этих слов одновременно настораживал и звал к себе. Восток кружил в мечтах, но наяву сдерживал и отдалял.

Наверно, так бы и остался в мечтах этот цветущий солнечный край, если бы на пути не встретилась дружная семья Евразийской Творческой Гильдии.

Виски посеребрили годы, но услышав о сказочном Казахстане, глаза загорелись как в детстве, притухшие желания юных лет зажглись с новой силой.

Экскурс Марты в страну детских грёз начался ещё в самолёте. Гостеприимные жители Казахстана с любовью рассказывали о своих достопримечательностях, о гранитных горах, озёрах, богатых недрах... В аэропорту её встретило такси и помчало по лесным дорогам. Было темно, но вскоре стало светать и нашу путешественницу заворожили лесные просторы. Они ей напоминали Налибокскую пущу, леса родной Беларуси. Прекрасные мохнатые сосны и ели приветствовали своими пышными кронами. Это были сёстры её белорусских друзей, с которыми до сих пор она любит делиться секретами. Они –похожие, но одновременно – разные. Сосны стояли в больших, почти до пят зелёных тулупах, а ели тянули к солнцу свои мохнатые ветви. Казалось, одновременно ловили солнечные лучи, которые игриво прыгали по хвоинкам, и благодарили Всевышнего за тепло, за эликсир земли.

У белорусских сосен, обычно, высокий стан венчает мохнатая шапка, а ели, словно молодухи, взявшись за подол водят хоровод. Эта разница между ними влекла к себе и завораживала, наталкивала на размышления. Ведь так и в жизни людей, разный климат окружения способен поменять человека, напоить его соком жизни или обречь на увядание. Ещё больше эти размышления подтверждали берёзки. Их стволы, сопротивляясь ветрам, извивались как змейки и во все стороны разбрасывали ветки, чтобы устоять в его порывах. Глядя на них восхищаешься стойкости, умению приспосабливаться. Берёзки родных лесов напоминали, по сравнению с ними, беззаботных красавиц, распустивших длинные волосы. Ветер нежно причёсывал их, иногда заплетая косички.

Самое потрясающее в этой истории то, как назвал свои рощи казахский народ: танцующие берёзки. Эти два слова содержат столько любви и тепла к природе, жизни, раскрывают огромнейшую внутреннюю теплоту народа, его жизнелюбие.

Гостиница, где разместилась Марта, была на берегу озера Щучье в Бурабайском крае. Скалистые берега замкнули в себе водные просторы, а потоки воды, разгоняемые ветром, громко хлестали их. Это веселило и забавляло. Вдали над лесным массивом возвышался спящий, задумчивый одинокий воин. Во время заката казалось, что он меняет свой взгляд:

то улыбнётся, как бы предвкушая благодать, то нахмурится, заметив что-то вдали, то расслабится в блаженном сне...

Шесть дней свидания с Востоком пролетели мгновенно. Край заворожил сердце, пробудил душевное тепло. В окружении такой прекрасной природы человеку просто нельзя вырасти чёрствым и безразличным к людям. Сама природа веками шлифовала их характеры в любви, умении быть стойкими, чувствовать поддержку друг друга.

Нашей героине вспомнилась история из восьмидесятых годов прошлого столетия, встречу с казахской девушкой Анисой на курсах повышения квалификации в Москве. По дороге в гостиницу в метро её чемодан подхватил молодой человек и помог донести до электропоезда. Поставив багаж, он выставил цену за работу. Прошло много лет, но Марта помнит выражение лица своей спутницы, её растерянность. Она смогла только произнести: «У нас так не делают» – и залилась краской. Речь, конечно, не о том парне – таких можно встретить везде, речь о девушке и её реакции. Только окунувшись в атмосферу этого прекрасного края, спустя более тридцати лет, героиня повествования смогла полностью понять растерянность казахской спутницы. Здесь Марта на себе ощутила искреннее желание случайных попутчиков бескорыстно помочь.

Господь щёдрою горстью просыпал
И запрятал в Казахские недра:
Руд различных, угля, фосфоритов,
Чтоб земля с года в год богатела.

Здесь ценнее всего бриллианты,
Что пленили мне сердце навеки -
Твой народ – миллионы каратов,
Пусть в веках его грани не блекнут...

YELENA (INANA) ASLANYAN

Yelena (Inana) Aslanyan is a leading Armenian writer from Yerevan. She is a prominent member of the Eurasian Creative Guild (London) and was among the winners of the Open Eurasian Festival and Book Forum 2020. She has been writing for over 20 years, her literary works have received considerable acclaim and won several major awards. The work "The Daughter of a Kurd" addresses key human rights issues in the story of Armenia and its peoples and was also awarded the Diploma of International Literature competition "Buch des Jahres" (Germany).

THE DAUGHTER OF A KURD

Anahit absentmindedly took the record-book and gave an excellent mark to the student even without listening through his answer. The academic tranquillity and restraint from the vanity of a daily routine seemed to have nothing to do with the chaos, spreading all across the country, following the harsh hurricane of the "perestroika" and the wild outburst of the natural disaster. The towns of Leninakan and Spitak were lying in ruins, having buried hundreds of children and adults' underneath; thousands of refugees from Azerbaijan flooded the hostels and hotels, plus the collapse of power – this was exactly what an Apocalypse seemed to look like.

After the exam she entered the chair, which was full of lecturers, talking about the only way of escaping from the crisis: to emigrate. To flee far away from the country which was groaning in pain? It is one thing to participate in peaceful protests and yell about Gorbachev's corruptibility, yet it is quite another thing to keep staying on board the sinking political vessel which had been shaken by the storm of their prayers.

Anahit, who used to be a quite person, suddenly interrupted her colleagues:

'Everyone must live in their own country; build houses in their homeland, plant flowers around and learn how to protect it from those, who are eager to make use of what others have provided. My parents were forced from their houses by force, but now you are abandoning it by your own will. The street that I live on is almost deserted now. Every second house is for sale. Everybody deserts the sinking ship just like rats do. Can't you see that without your homeland you are no more than unwelcome homeless tramps wherever on Earth you go? Can't you see that the only free cheese is in the mouse trap, for the time will come to pay for the "refugee welfare"? And you'll have to pay with your children'.

Nobody objected. There had always been a wall of misunderstanding between her colleagues- Soviet people, born and raised in Soviet Armenia, and her- a newly arrived Syrian Armenian. Lots of Armenians found shelter in Syria after the Armenian Genocide of 1915 in Turkey. However, the attacks of immense heartbreak and homesickness could be cured with neither the cordial hospitality of the Arabs (they rescued Armenians in the desert, thus giving the Genocide victims an opportunity to survive), nor with the possibility to migrate to the West. The survivors of the Genocide themselves and their children visited Soviet 'Hayastan' (Armenia's self-name) and starts to love it as Armenia. And they couldn't understand the attitude of those who were lucky enough to be born here and to escape the fate of Western Armenians.

Anahit handed in the examination records and hurried home to dive into housework and get rid of anxious thoughts for a while. She had a degree in Turkish studies. Her mother had insisted on it. She had been talking to her daughter in Turkish since the early childhood and kept repeating every time: 'You must know this language. One day you will return there. You shall. Then the others shall return too.'

Anahit's father and mother were among the hundreds of Genocide survivors, unlike the millions of Armenians that were sentenced to death by the Turks. Anahit's mother Shekhnaz (as the second child in an Armenian family, she had to receive a Turkish name) was four years old at that time and remembered well how some armed soldiers forced them out of their house, made them stand in a line and announced that they were going to 'convoy' them to Aleppo. The 'convoy' of the vulnerable in which Shekhnaz and her mother were lined up (her father and brother had been separated from them since the very beginning), was over as they reached the outskirts of Diyarbakir. There the defenseless women and children were attacked by gangs of marauders which were specially formed for this occasion, with the active participation of 'chetens'- descendants of immigrants from the South Caucasus. With the gendarmes' laughter and cheerful exclamations, the marauders tore off the clothes of the miserable victims and beat them with war hammers: those actions were their main lucre, for they gave the money and gold to the Turks.

Shekhnaz's mother was right in the middle, so in the twinkle of an eye she herself tore her clothes off and collapsed to the ground, shielding her child with her body. Almost immediately they found themselves covered by a pile of bloody bodies. They were lucky; they remained unnoticed when the Turks were passing by the dead bodies to deal the final blow to the survivors of the massacre. Within a few hours Shekhnaz's mother heard some people cursing the killers. Those were some beggars that had come in hope of picking up something. That was when she made herself heard and the beggars took her and the child with them. Some months later Shekhnaz's mother took every precaution to hand her daughter to a Greek monastery under cover of night. From time to time she visited her daughter together with an elderly beggar woman. However, once the beggar woman came alone. Hiding her wet eyes, she gave Shekhnaz some coins and told her that her mother had found a job far away, and she would not be able to visit her anymore. Shekhnaz never saw her mother again. She was sent away from the monastery to find shelter in an orphanage for Armenian children in Syria. She survived, grew up and got married to Mushegh- an Armenian orphan like her.

He adored his daughter Anahit; he spoilt her, let her do whatever she wanted and satisfied all her whims, saturating this love with the unquenchable yearning for his mother and sister. Last year Anahit was

deeply mourning the loss of her father. She'd taken it the worst. And she considered her mother's efforts to arrange a trip to Turkey as inappropriate. But Shekhnaz wouldn't give up; she went on calling Anahit and demanding to accompany her to Diyarbakir as the Soviet Armenians now had an unprecedented opportunity to visit the South-Eastern part of Turkey-Western Armenia. Some of their friends in Syria had already sent them an entry visa to Turkey. Soon her mother was suddenly taken ill, accepting the rules that old age dictates to even a vigorous seventy-nine-year-old lady. That's when Anahit thought the issue was no longer under question.

So, when the telephone rang and Anahit, exhausted after the exam, heard her mother's voice, she could not imagine that she herself would be travelling to Turkey within a week.

'Anahit, I'd like you and Valera to call on me tonight, just you and your husband. I've something urgent to tell you.'

Valery, who was called Valera for short, could do nothing but sigh in despair as he learnt that they should take a trip to Ararat. He couldn't even suspect that their lives would irreversibly change after that. There was nobody in the house. Shekhnaz's son and his family that were living together with her, had left for a wedding ceremony, but their mother stayed home on the pretext of illness. Undoubtedly, it was not by accident.

'Anahit, I shall ask you to listen to me attentively, without interrupting. Your father, Mushegh, was the best father and husband in the world. Still, it was not him that gave life to you.'

Anahit could hardly choke back a sob.

'Just don't interrupt me, please', Shekhnaz sighed, 'I wonder why the Lord gifted me handfuls of sorrow and grief, making me live in mourning till the very end of my life.'

The woman burst into tears. Valery rushed to fetch water for his mother-in-law and then hugged her, saying:

'Speak, Mom. We are all ears.'

'After leaving the orphanage I was working in a shop belonging to an Armenian. When I was eighteen, I got married to Varuzhan. He was also an orphan. Almost the entire generation was orphan. He was looking for a job and when he was offered to build roads for a high salary and lodgings, we left for the Syrian–Turkish border. Everything was perfect. For the first time in my life, I felt completely happy living with my beloved husband. But within three months we were attacked by Kurds. In the morning they attacked us on horses from beyond the frontier. Varuzhan was shot down on the doorstep but still he managed to kill the first attacker. But the second stepped over the dead bodies and seized my hair, wrapping me in a blanket and riding away with me.

Anahit was trembling as if she had fever. She just kept mumbling, 'No, mommy, please, no'.

'He took me to his house and declared that from now on I was his wife. After thinking for a while, he said he would let me mourn for my deceased husband. But if I continued to disobey and not respond to his 'nobility', he would turn me into his slave. He had his own standpoint upon nobility. And that's how I became his wife.

Anahit cried out. Valery rushed up to embrace her.

'Then my first daughter Fidan and my second daughter Haneh were born. I was constantly under control and couldn't even step out of the house. Everybody treated me decently. He gave me gold and was quite respectful though I couldn't help hating him. The only thing I thought about was to escape. When you were born, he named you Shirin after his mother. My mother-in-law took the other two girls, and nobody was watching me anymore. He didn't touch me while I was nursing you, but the time came and I escaped with you, leaving my two daughters there.

Anahit fainted. When she regained consciousness, it all seemed and sounded like a horrible nightmare to her. But mother went on speaking:

'The Arabs helped me. They always helped us. Even the most notorious ruffians and culprits helped us when they learnt that we were Armenians. When I reached Aleppo, I found our church and then some friends of Varuzhan's and mine helped me. You were hardly one year old when I met Mushegh and he married me. We tried to return my daughters. We found some Arab mediators that met Husein-Iso (that was your father's name), and offered a great sum of money for the girls. But he was enraged and attacked them so hard that they could hardly calm him down. He

threatened to find and return his daughter Shirin, born in his house and named after his mother, and treat me as an unfaithful wife. Then one of the Arabs said: 'Everything happens with Allah's will and permission. Otherwise, your wife would have never managed to escape. It's Allah's will that you have disgracefully become a cuckold for you had behaved as a marauder by kidnapping another man's wife. And now your daughter, your blood, has been kidnapped from your house, converted to her mother's faith and named after her new grandmother'.

Then he cried as a boy. But he never agreed to give me his daughters.

'That's why you always yearned to return there!', uttered Anahit, 'because they are all still living there'.

Shekhnaz closed her eyes and sighed. Valery went to the kitchen to make some tea, saying:

'Have some tea and calm down.'

Suddenly Shekhnaz seized his hand:

'Valera, my son, I beg you, please let Anahit go, see them and bring the photos of my daughters...'

'Sure, Mom, just don't cry. You are the best woman I've ever met. Anahit shall go. Perhaps it is as well that you can't go. I'll try to leave with her.'

'I don't want my children and grandchildren to learn about it now.'

Valery and Anahit looked at each other.

'Well. Let it be as you wish.'

They had left before the hosts' arrival. Anahit went straight to bed. That night she had a dream. She saw white space with the outlines of three women, wrapped in black blanket, and only their eyes solely remained uncovered. The women stood still in silence but the white space surrounding them suddenly started to pulsate, vibrating with a tremendous power of energy. Then, one of the women took her arm out of the blanket and raised her hand. Her palm projected a narrow path into the blank space, which went on widening to a broad lane. This road cut through the space, endowing it with vividness, brightness of colours and sounds, making its way through them. The women's silhouettes were gradually diminishing but they were still hovering over the path. When Anahit woke up it was late night. She immediately realized who those women were. Every Armenian knows the meaning of the dream about three women in black blankets, even the half- or quarter- blooded ones. It symbolizes an incredible luck ordained by the Almighty Himself, and its visit strikes you suddenly, without consulting with you or anticipating your gratitude. A sudden tranquillity came upon Anahit, soothing her tense nerves like a healing balm. Soon she sank into a deep, sound and refreshing sleep.

On the next day she learnt at the chair that their university hosted two British people- a female journalist and a cameraman, that were going to shoot a movie about Armenia, Mount Ararat, Western Armenia (actually called South-Eastern Turkey), about its present and past. Besides they were seeking for an interpreter that would also be able to work as a guide and a colleague. She just closed her eyes for a second and whispered, 'thank you', drifting into the undiscovered depths of the universe.

Anahit went to the rector, who was having a conversation with the Englishman at that moment and asked the secretary to inform them she had something urgent to discuss. As soon as the British guests learnt that she spoke Turkish, English and Arab fluently and could express herself in Kurdish quite well, they were overwhelmed with emotions and clapped with joy. Well, when Anahit said that she had just received an entry visa to Turkey and could leave with them right away, the Englishwoman exclaimed, 'I can't believe', and asked for water.

They decided to buy tickets for the next flight to Aleppo.

Aleppo welcomed them with a sunny weather, holiday hubbub on its streets, ancient and modern at the same time. Anahit adored not only this city and the country, as the heritor's of one the most ancient civilizations in the world, but also this nation. She spent her childhood here. She left some old friends here. Some of her old acquaintances were of a great help in settling several technical problems, such as signatures, security issues, choosing roots, renting a car and so on.

She didn't interfere even when Jessica and Pete were discussing different types of itineraries. It didn't matter, because any route should start from Nusaybin, a small town near the Syrian border. Soon Jessica printed out some information on Nusaybin in the office, and exclaimed excitedly:

'I say, folks! Sensational! Nusaybin has ruins of the ancient Nisibis, the residence of earl A.D Armenian kings..'

Anahit seemed not to have heard her. She just whispered:

'That's exactly where my father and my sisters live.'

Their meeting was rather dramatic. Anahit's father felt worse, they had to put him to bed. He took Anahit's hands and held them, weeping all time. And the sisters were expecting their mother. They had been expecting for her through all the years. They knew the truth. They knew that their mother was an Armenian and that she had escaped with their younger sister. They looked at their mother's picture and didn't even cry but wailed. Anahit had a feeling that her sisters looked at her with hatred. They looked at each other, heard Anahit talking about herself, her husband, children and occupation, about Armenia. Suddenly Fidan abruptly interrupted her:

'If our mother had taken us with her, we would also be like you.'

Fidan was four years older than Anahit but she already seemed to be a frightfully old toothless woman with wrinkles, pale eyes, untidy grey locks escaping from below the kerchief and a bulky figure that seemed even more corpulent because of the multi-layered colourful skirts that she used to wear. When she was fourteen, she was kidnapped by a Kurd from one of the far-away villages. He had already been married before but didn't have any children. As a moral compensation, the kidnapper paid a few sheep. Fidan's further destiny depended on whether or not she would give birth to a boy. She gave birth to two boys and three girls. Her sons and grandsons who were old enough to hold guns, fell victims in 1985 while trying to save their village from destruction in armed clashes against the Turks. However, the village was destroyed; few people managed to escape. Then she moved back to her father's house near the frontier, along with her daughters-in-law and grandchildren.

Haneh looked like her elder sister. Her father married her off to a literate and an intelligent man who was visiting her at parents' house from time to time but didn't feel like inviting her and their newly born children to live in town. Soon she learnt that her husband was detained for speaking out against the Turkish government. Haneh never saw her husband again and was left all alone with her three children at the age of thirty. Her elder son wasn't engaged in politics; he was running a cattle ranch, sustaining the whole family. Still, the grandchildren went to the mountains to join Kurdish armed troops. Anahit felt empathy, learning about the oppression and persecutions by the Turks:

'It reminds me so much of what the Turks did to Armenians in 1915!'

Instantly a cautious silence came upon the place. Anahit noticed the daughters-in-law and children looking away as if she had said something offensive. Her father cast a disapproving glance at her but spoke nothing; Fidan was running everything in the house. The latter exchanged glances with Haneh and uttered solemnly:

'People don't normally mention it here'.

'Oh, father', Anahit turned to Husein-Iso, being unable to choke her tears back. She could no longer stay silent and was eager to receive a direct answer at last, 'Why don't the Kurds recognize the Armenian Genocide in South-Western Turkey - right here in Diyarbakir, Malatya, Arabkir, Mush, Van. These people, just like my mother, were evicted from their houses by force.'

Taking his eyes off, her father kissed her hands and answered:

'I was young then; I was about five or six years old and I can't remember anything. My dear daughter, I've spent so many years waiting for you. Then why should we discuss such things now?'

'You know why? If people dared to talk about that then, you wouldn't have to wait for me that long. Maybe it would stop the bloodshed on this unblessed land. For you cannot build your happiness upon someone else's unhappiness. Neither can you find happiness in a house which you haven't built but simply captured after killing its previous owners.

'There will come a time when many people understand it', Husein-Iso broke the solemn silence, 'Just like I did after losing you. Armenians have always been living here next to us, and they shall come back; only the blind can't see it and the fool can't understand it. There is enough room and sunlight for everyone.

'And tell your children that they have always been and will forever remain in the heart of old Husein-Iso and all the members of our family unto the seventh generation. I'll be praying to Allah day and night, asking him to let them visit this land as the owners and not as mere tourists.'

Fidan and Haneh nodded in agreement through tears. Anahit embraced her father. She kissed his wrinkled cheek and told him, struggling with the sense of guilt:

'I have to leave, Dad. Tomorrow morning.'

'No, Shirin, you can't. You have spent too little time with us! I'll ask the Englishman myself.'

Anahit made a plausible excuse:

'It's very dangerous. It's still relatively quiet here but new clashes may break out at any moment.'

'You are right; indeed, the situation is not quite safe for you, otherwise, I would never let you go that soon. Do you trust those English people? They are suspiciously quiet!'

'I'm working with them', answered Anahit, looking at her father in surprise.

'Do be careful with them!'

'Thank you, Dad', Anahit answered with a faint smile.

Her heart was aching, but she couldn't stay there any longer. By the next morning they had reached Mardin, a city with a long history dating back to the Great Flood. They were admiring the view of the ancient city from the rocky ledge, on which it was situated, and from where one could witness the scenery of Mesopotamian lowland.

The grateful land preserved the traces of the creations of Armenian architects, who had been decorating it with grand buildings and churches; if not for the Turkish ambition to consider themselves as the only nation deserving a place in the sun, the traces of Armenian inhabitants along with Syrian, Jewish, Arab, Kurd and finally Turkish ones would be still coexisting nowadays.

The journey was passing smoothly, without incidents as it was predicted in Anahit's prophetic dream. And it was coming to an end.

Here was the frontier town Kars; Anahit sighed with relief as they crossed the Turkish-Armenian borderline.

On coming home, she saw her daughter-in-law's pale and cheerless face and asked automatically:

'How are you getting along here?'

'Armen has gone to war', she answered absently. 'A week ago... Father asked him to wait for you, but he refused. We haven't heard anything from him since then.'

'He shall return, he shall return as a winner', Anahit spoke with a sudden confidence. 'The talisman... It will protect him.'

The daughter-in-law looked at her frightfully, supposing that her mother-in-law should have lost her mind because of the shock.

Anahit hurried to open her suitcases and unfold Husein-Iso's knife. When Anahit showed the knife to her daughter-in-law, her mouth hung open in surprise.

'What a marvel! Is the handle made of gold?'

'Yes, it is. This knife is my father's talisman. He handed it down to his grandson. And Armen shall return, he shall return by any means.'

She laid the knife to the lips and kissed it, feeling an instant response. In the twinkle of an eye, she felt a fresh flow of energy running through her veins from head to toe. It is the power any woman should have when waiting for her soldier to come back home.

translated by Astghik Melik-Karamyan

ВИКТОРИЯ ЛЕВИНА

Прозаик, поэт, журналист, переводчик. Член Союзов писателей Израиля и международных союзов Болгарии, Англии, Германии, России, Литвы, Канады. Родилась в России, в Забайкальском крае. Жила в Украине. Окончила Московский Государственный Технический Университет имени Н.Э. Баумана, инженер-механик. Работала в авиационной промышленности. С 1997 года проживает в Израиле.

Член Правления и жюри международных конкурсов; член Правления и жюри международных конкурсов союза писателей имени святых Кирилла и Мефодия (Болгария); Консультативного Совета Евразийской Творческой Гильдии (Лондон), Академии ЛИК.

Кавалер ордена «Кирилл и Мефодий», звезды «Наследие» (2019. 2020), медали им. Ивана Вазова (Болгария), медалей Бунина, Есенина, Маяковского, Ахматовой, Пушкина, Чехова, Фета, Некрасова.

Печатается в журналах «Менестрель», «Литературный Иерусалим», «Литературный европеец», «Литературная газета», «Эмигрантская лира», «Сура», «Традиции и авангард», «Гиперборей», «Таврия литературная», «Форум», «Белая скала», «Новые Витражи», «Фантанилья».

СТРАШНЕНЬКАЯ

(глава из романа «Ладушки»)

Уж не знаю, почему, но быть беременной в бывшем Советском Союзе – означало девять месяцев позора в женских поликлиниках и ещё пару месяцев издевательств в детской. Родить первенца в таких условиях приравнивалось подвигу. Но я ещё всего этого не знала. И хорошо, что так.

– Папка, идём сегодня на рынок?

Наши поездки с папкой на рынок были небольшими праздниками.

Сначала я кое-как приводила себя в порядок: умыться, причесать длинные, не очень ухоженные волосы, закрутить их в пучок. Душа болит смотреть, как от бывшей гривы роскошных волнистых волос оставалась горстка пожухлых, лишённых блеска, ломких прядей. Стричь их, как делают большинство женщин, у которых ребёнок нещадно забирает красоту и тянет себе необходимый для строительства своего тельца кальций, я не решалась. Ведь волосы были, по моему мнению, моей единственной красотой, кроме фигуры, конечно.

«А может, всё восстановится после родов?» – думалось мне лениво, – «И фигура, и волосы...»

Когда-то я шла под ручку с мужем по Москве, высокая, на каблучках, в приталенном платье по фигуре, с копной рыжеватых, длинных по пояс, пышнейших волос. Встречные особи мужского пола сворачивали головы, а женщины обидчиво поджимали губы. А теперь огромный, как гора, живот торчал впереди меня на метр. И помещалась я только в широкий домашний халат огромного размера.

– Пап, поможешь мне надеть «боженькины» сандалии?

Папка, мой старенький толстенький папка, неуклюже опускается на одно колено и бережно надевает мне широкие, на регулируемых ремешках, сандалии на пробке. Это единственная обувь, прикупленная к моей огромной радости на том же рынке, которая не впивается в разбухшие отёчные ноги.

Походы на рынок – это одно из немногих наших развлечений. За прошедший год произошло так много разных событий, что такая пауза была просто необходима обоим отшельникам! Смерть мамы, моя невероятная беременность после тяжёлой операции, защита диплома, переезд к овдовевшему папке из Москвы в Украину. «Свободный» диплом, который мне удалось выбить в Бауманке, карман не жал и позволял переносить тяжёлую беременность рядом с любимым папочкой в родительской квартире в новом комфортном доме на краю соснового бора.

– Так, мясо для борща, зелень, картошка – кажется всё? – Папа старается хитростью утащить меня с рынка, пока я не вспомнила про майонез.

Майонез – моя страсть, моя слабость, моя мечта! Если бы было можно, то я бы питалась одним майонезом! Я спешу к коммерческому ма-

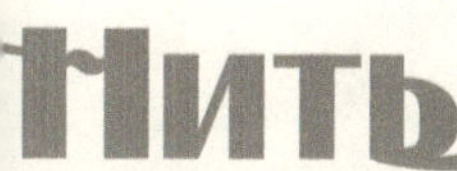

газину, беру себе несколько банок любимого продукта, и мы с папулей движемся к автобусу, гружённые покупками. Часто встречам знакомых по пути, ведь совсем недавно мы жили здесь, совсем близко к рынку.

– Как хорошо, что дочечка приехала поддержать тебя! – знакомые и приятели переживают за своего любимого балагура, «душу компании», овдовевшего так внезапно и трагически.

А за спиной шепотки:

– Жениться бы ему надо... Он же без Машеньки, как без рук...

Папка считается завидным женихом: огромная директорская квартира, которую совсем недавно мои родители получили взамен снесённого в центре города особняка, должность директора местной сувенирной фабрики, почёт и уважение горожан. Кто в городе не знает Яна?

– Ты дочка Яна? – старый гинеколог ощупывает мой живот, припадает к нему ухом, что-то недовольно бурчит.

– Жри поменьше! Я из-за жира уже сердце ребёнка не слышу... А, вот, слышу... Вроде бы всё нормально. Завтра в больницу под наблюдение, до самых родов.

Я в шоке: как же так? Ещё же целый месяц? Входить со мной в прения никто не собирался.

Муж приезжал из Москвы каждый месяц на пару дней. Учился на последних курсах в Бауманке, работал. Как мы с папкой любили стоять у окна и высматривать такси, которое муж брал у вокзала, чтобы загрузить в него фрукты, конфеты, подарки! Весь девятиэтажный дом стоял у окон, наблюдая, как красивый накачанный парень начинал ловко выгружать из машины ящики заморских вкусностей, а затем, схватив эти ящики обеими руками, как пушинку, тащить их в подъезд.

– И как такой красавец мог жениться на этой страшненькой со второго этажа? Вот уж – судьба!

Два дня побывки мужа превращали нашу с папкой жизнь в праздник. Муж не отходил от меня ни на шаг, не замечая, как я подурнела, растолстела, потускнела. Иногда пытался подхватить меня на руки, но даже ему, богатырю, это не удавалось... Мысль о том, что я лишаюсь и этих редких праздников жизни, соглашаясь на госпитализацию, убивала меня... Но рисковать таким чудом доставшимся мне ребёнком я не могла себе позволить.

Тяжело переваливаясь, подхожу к окну. Под окном стоят двое моих любимых мужчин и, задрав голову, пытаются высмотреть меня в окнах четвёртого этажа. Вовнутрь никому хода нет. Можно только перекрикиваться в окно. Да и окна наглухо закрыты. Я здесь уже месяц и две недели. Мой живот уже как гора, несмотря на диеты. Что-то там идёт не так. Все сроки уже прошли. Скоро меня возьмут на искусственные роды. Как рассказать всё это своим через закрытое окно? Машу им рукой и возвращаюсь на свою койку. Когда же всё это закончится?

От сестры, которая забирала меня на процедуру, пахло зелёным луком и самогонкой. Наверное, там был какой-то сабантуй в сестринской. Грубая тётка пыталась заставить меня взгромоздиться на гинекологическое кресло. Безрезультатно.

«Разъелась, как корова!» – шипела она.

Но потом приняла ситуацию, как она есть, и просто положила меня на кушетку. Капельница, трубки, трубки, трубки... В родильном зале никого. Резкая боль внизу живота. Я кричу. Входит сестра. Запах лука и самогонки ещё более усилился.

– Чего орёшь? Тебе ещё лежать и лежать!

Уходит. Я продолжаю кричать. Иногда удаётся утихомирить боль глубокими вдохами и нажатием на некоторые точки на пояснице. В зале никого. Наконец терпеть боль я уже больше не могу. Встаю и бреду по коридору в сторону сестринской, волоча за собой штатив с капельницей. Кричу из последних сил, чтобы переорать хохот, доносящийся из-за двери, и падаю, теряя сознание. Ребёнок рождается на полу. Девочка, передушенная пуповиной несколько раз, синяя, крохотная, переношенная, почти не подающая признаков жизни.

Нас с дочкой обнаруживают на полу в коридоре. Хватают ребёнка на руки, пытаются реанимировать.

– Страшненькая какая! – говорит кто-то, видя это синюшное чудо с выпученными глазами.

У меня нет сил жить.

Ребёнка мне принесли на кормление через месяц. До этого момента врачи говорили мне как-то однозначно:

– Мамочка, ребёнок жив!

Я уже не могла слышать это «ребёнок жив», я хотела видеть мою девочку! У дочки была редкая патология: её душила пуповина внутри утробы так сильно, что неизвестно как она вообще появилась на свет! Ребёнок выживал, как мог: хотел есть, вызывая в мамочке неуёмный аппетит, тянул жизненно важные вещества из тела матери. Выдающееся, жизнелюбивое чадо! Очень маленькая, синего цвета, она лежала в специальном боксе для набирания веса, изогнувшись так, что головка почти доставала до крошечной попки. Зрелище не для слабонервных. Дочка моя потом и дома так спала в кроватке – это была её любимая поза.

Наконец, положение стало улучшаться и её принесли на первое кормление. До этого я сцеживала молоко и его отдавали тем деткам, у которых матери не были такими «дойными коровками».

В палате шесть мамочек. Пятерым приносили деток на кормление. Я завидовала и отворачивалась к стене, чтобы не разрыдаться при виде этих чудесных крох, жадно сосущих молочко или сладко сопящих в больничных коконах. Двое в палате получали материнское молоко от меня.

Товарки сменялись, деток выписывали, а я жила здесь со своим «ребёнок жив». Наконец, и мне принесли крохотный свёрток. Я взглянула на своего ребёнка и чуть не получила разрыв сердца: сморщенное синее личико, глаза навыкате, красно-синяя тоненькая шейка... Всё это было так далеко от того, что я видела на соседних кроватях, когда приносили малышей!

Нянечка, пожилая, с узловатыми, но ловкими руками, взглянула на моё растерянное лицо и приобняла меня:

– Не расстраивайся! Это сейчас она такая страшненькая, а потом вырастет красавицей – глаз не оторвать!

Как в воду глядела.

LENAR SHAYEH

Lenar Shayeh (Lenar Shaekhov), a poet, children's writer, translator, publicist. Author of thirty books in Tatar, Russian, English, French, Polish, Kyrgyz and Bashkir languages. Member of Union of Writers of Tatarstan and Russia, Tatar PEN-Center and PEN International, Eurasian Creative Guild (London). Winner of the Musa Jalil Republic's Award, Abdulla Alish Literary Award (for achievements in children's literature), Eurasian International Award. Corresponding Member of the Petrovsk Academy of Sciences and Arts. Candidate of Philological Sciences. Honoured Art Worker of the Republic of Tatarstan. He was awarded the honorary badge «For Strengthening Peace and Friendship» of the Republic of Sakha (Yakutia).

BAL - BABAY[1]

My dear daughter child, come, take my prayer. For the good memory of myself. Having said that, Bal-Babay put into the hands of his granddaughter a sheet of paper with an Arabic text that was nattily folded into four. The paper was yellow and its edges were a bit ragged.

– Believe in Allah, my dear child. He does exist, Allah. Be a firm Muslim. The Muslim religion is the only quality that preserves Tardiness.

"Here, take it. My grandfather wrote it to me when I was a boy. I've been keeping it for ninety years in memory of him."

"Why do you say so, granddad? We will meet again, won't we?" – said the surprised Sylu, who came to visit him.

"Who knows..."

---

1 Bal (in Tatar) – honey; Babay (in Tatar) – granddad.

"No, no, granddad! Don't you even think of it. Alright?" - said the girl and embraced Bal-Babay tight. Tears welled in the eyes of Sylu, and anxiety creeped in her soul...

.Bal-Babay was old. In these recent times he himself began thinking of it more and more often. It's been ten years after his wife died. He had no close relatives. They say that the one who is the only survivor lives the lives of those who have passed away. Can it be true? Soon he will turn ninety-five years old. These years were full of joy and grief, of worries and troubles.

Deportation of the family from the native village during the collectivisation, the loss of father, who was taken away by men in "black hats" and got lost forever; the Great Patriotic War, falling prisoner. Coming back home elated, back to motherland, and what a pity: sentencing to ten years of imprisonment... - all this has left deep wounds in the heart of Bal-Babay. To top it all, his elder daughter, Nourlybika, married a Russian. She did not even listen to father, but just ran away with an infidel. Bal-Babay felt bad for her for a long time. His heart was aching. He was exhausted. With time he seemed to have accepted it, but in his heart he did not, and did not regard her with favour...

There he is again, flashing among the beehives opposite his house. He is dressed in a show-white gown and a veil of the same colour. In his hands he holds, as always, a fumigator. The sweet smell of smoke from touchwood fills the entire garden.

Bal-Babay is the nickname he was given in the post-war years. Slandered as a public enemy, unjustly convicted, when he came home following ten years of ordeals, he could not find a job - no one hired him. That is why, having eventually found some separate cloud of bees, he became a bee-keeper. That was how he found a job for himself.

But today Bal-Babay was in high spirits. As if in the years of his youth, he is running from one beehive to another. He opens a beehive and, talking to bees, checks the honeycombs, then he sprays it with the sweet-smelling smoke and closes the lid quickly. When doing so, he is constantly singing in a soft voice, as if ready to break into a dance any minute...

"Sweet and full-flavoured honey,
But don't eat too much of it.
The restless bee only loves those
Who are of its kind"

Watching Bal-Babay busying himself by an old apple-tree was the surprised Gulsum, who popped in to visit her father. She could hardly imagine her father was such a cheerful and merry man!.. What a surprise!

The little bee collects the honey,
"It's sweet" – she does not boast of it.
She flaps away the wasps and flies,
And makes no friends with gadflies...

Singing so, Bal-Babay was leaving the garden when he met his daughter. "What if father went slightly crazy", she thought to herself.

"Father, what are you doing? Oh, my God, has anything happened?"

"No, my dear child, my little star, nothing has happened. Just felt like singing."

He loved Gulsum. maybe because she was his last-born child, or maybe because she resembled him most of all, but Bal-Babay liked her most. Nourlybika went to Siberia and got lost there. Does not even come to visit him... Indeed, will she come to her father with her Tanya and Zhenya who don't know a word in the mother tongue?!

...Gulsum left him when it got dark. Bal-Babay looked into her eyes and embraced her tight with the words "my dear child". They stood like this for quite a long time, unable to tear away from one another.

"Alright, father. So, you say you will not go to the wedding of Ilghiz?.. He is kind of your favourite grandson... Perhaps, you could come?"

"I said once and don't feel like repeating. N-O spells no."

"Well, you know better, father. Take care. I will come again tomorrow to visit you..."

"Farewell, my dear child, my little star..."

As Gulsum went out of the gate, Bal-Babay followed her with his eyes. After that he stood still for a while; then sighed heavily. Having entered the house, he roamed from one room to another for a long time. Although it was midnight, he once again looked at the beehives. It was amazingly quiet all over the world. Not even a leaf would rustle. Not even a sound would be heard...

– They sleep... All are sleeping tight... – he said to himself. He wanted to smile with all his heart, but his eyes somehow did not smile...

* * *

Early in the morning Gulsum hurried to visit her father again. She felt at heart some cold, some shapeless emptiness.

"Maybe father would change his mind. Maybe he would come to the wedding of Ilghiz and Olga. Would bless them."- she thought.

The door was open. There was some cold silence in the house. Some strange silence... Gulsum ran about the rooms like crazy but did not find father. On the table in the upper room, she found an old sheet of paper with yellowish edges, which was nattily folded into four. Just a few words on it:

"Sorry. Can't stand it..."

The same very moment the heart of Gulsum sunk. Tears welled in her eyes, and her lips trembled. She could not utter a word, because on the old apple-tree opposite the window there hanged something that resembled a human body. And it was only that bees were flying around it, buzzing, as if wanting to tell something to him.

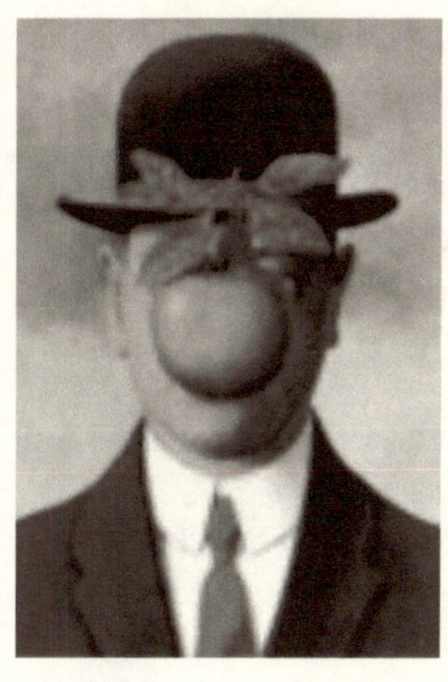

HENRI MALLET

Анри Малле (Henri Mallet) – родился в 1964 году в Европе. Вырос и учился в СССР. Он автор запатентованных изобретений в области систем безопасности, принимал участие в работе программы ядерного разоружения. Несколько лет работал директором регионального представительства издательства «Деловой мир» город Москва. Анри Малле – переводчик; языки: русский, французский, английский. Публиковать свои работы как писатель начал с 2019 года. Автор серии книг в жанре шпионский детектив, магический реализм и рассказов для детей. Писатель несколько лет живёт во Франции.

ЗАЧАРОВАННЫЙ ЛЕС

– Мадам и месье, сейчас у вас будет свободное время погулять в ущелье Горж де Эрик. Этой дороге вдоль реки Эрик более тысячи лет. Справа вы видите Тысячелетний мост. Теперь здесь проходят туристические маршруты.

Пожилой гид устало вздохнул. Его седые волосы ласково теребил лёгкий ветерок. Изрезанное тонкими морщинками лицо выдавало добрую натуру.

– А кто желает порыбачить и выловить форель, то обращайтесь вон туда, – гид указал на живописный павильон с надписью «Счастливый рыбак».

– В нашем отеле туристы обсуждали, что здесь есть пещера, в которой делают сыр, – ярко крашеная блондинка демонстративно колыхнула пышной грудью. – Только почему-то вход туда запрещён.

– Да, вот эта пещера, – ухмыльнувшись, кивнул гид.

Блондинка вопросительно ткнула пальцем в темнеющий проход в отвесной скале, перекрытый красным шнуром. Рядом со входом таблички на разных языках гласили: «Не входить! Опасно!»

– Если там написано «Не входить!», то почему вход перекрывает лишь красный шнур? – блондинка, сделав пару шагов, попыталась заглянуть в пещеру. – И что это за странные человечки нарисованы вот здесь на панно? Их так много!

Седовласый гид хитровато улыбнулся:

– Да, пещера местная достопримечательность, и да, в ней делается сыр. Что ж, расскажу вам легенду Зачарованного леса.

– А при чём здесь Зачарованный лес, если это вход в пещеру? – не отставала блондинка.

– Потому что там и есть лес, и я единственный, кто вошёл туда и смог вернуться, – усмехнулся гид. – Все, кто входит в эту пещеру и попадает в Зачарованный лес, назад не возвращаются.

Блондинка приблизилась ко входу и заглянула за красный шнур.

– Что ж, это входит в программу, – снова загадочно улыбнулся старик. – Я расскажу вам мою историю.

Туристы замолчали. Стало слышно журчание хрустальной воды в горной реке и пение птиц.

– Это было давным-давно. Тогда я пас овец у подножия этой горы. Был жаркий день, я подоил овец, но возница не приехал вовремя, чтобы забрать молоко. И тогда я пошёл вот по этой дороге, чтобы найти прохладное место. А солнце припекало всё сильнее. Я увидел вход в пещеру и решил туда поставить ведро с молоком, – гид театральным жестом указал на вход пещеру.

– И что это за дурацкая история про овечье молоко! – фыркнула блондинка.

Но пожилой гид даже ухом не повёл и продолжил:

– Когда я вошёл в пещеру, то услышал тихую прекрасную мелодию и, решительно направившись вглубь, тут же обнаружил, что нахожусь в лесу! Да-да! В самом настоящем лесу. Свет струился сразу со всех сторон и был приятным для глаз, а прозрачный и прохладный воздух буквально пьянил. И тут я увидел прекрасную девушку, которая танцевала и пела.

Девушка была так очаровательна, что я забыл о времени, а когда очнулся, то был уже стариком. Но самое интересное, что молоко в ведре превратилось в сыр! Вонючий, заплесневелый и очень вкусный сыр Рокфор, – гид широко улыбнулся.

– Хм, странная история! Я не уловила сути, – блондинка хлопала накладными ресницами, ожидая продолжения.

– А суть этой притчи в том, что только я смог выбраться из Зачарованного леса, а во Франции появился сыр Рокфор. Из этой пещеры регулярно получаю прекрасный сыр Рокфор.

Прозвучал далёкий звук колокольчика. Седовласый гид, смело вошёл в пещеру, и буквально тут же вышел с ведром сыра.

– Как раз и сыр поспел. И вот здесь, – он указал на палатку под белым тентом, расположенную в паре метров от загадочного входа, – этот сыр можно не только попробовать, но и купить.

– Ой, я вас умоляю! Вы нам наплели всё это, чтобы мы купили ваш вонючий сыр? – в голосе блондинки послышались звуки циркулярной пилы. – Если всё так, как вы сказали, то сколько же вам лет?

– Я и сам не знаю, – театрально развёл руками гид, забыл уже. Но с тех пор, как вышел из Зачарованного леса, выгляжу стариком.

– Хватит заливать! Эту местную легенду пересказывают уже не одну сотню лет! – встрял один из туристов.

– Ну всё! Вы попались! – блондинка неожиданно сорвала с себя парик. – Я налоговый инспектор! Вы уклоняетесь от уплаты налогов от продажи сыра Рокфор! Говорите сейчас же: кто и где его производит ?! – инспектор, выпучив глаза, уставился на улыбающегося гида.

– О! Я вам уже всё рассказал. Говорю, сыр делается в этой пещере в Зачарованном лесу. Если хотите это увидеть, то вам придётся самому туда отправиться.

– Вы меня что, за идиота держите? Кто вам поставляет сыр?! Говорите!

Гид покачал головой, подошёл к тенту, достал из холодильника ведро с овечьим молоком и подал его инспектору:

– Идите и всё увидите сами, – он отстегнул красный шнур, преграждающий путь, и сделал приглашающий жест.

Инспектор выхватил ведро с молоком и смело вошёл в пещеру. В глубине возникло слабое свечение, и снова наступила темнота. Все туристы попытались рассмотреть, что будет дальше, но больше ничего не происходило. А гид с довольной улыбкой взял трафарет и напечатал на панно очередную фигурку.

– Мы ведём учёт пропавших в этой пещере, – пояснил он бодрым голосом. – Сыр ко входу в пещеру кто-то регулярно выставляет, а я забираю. Есть ещё желающие заглянуть в Зачарованный лес?

АРИНА КРЮЧКОВА

Меня зовут Арина, я писательница (и журналист по образованию). Работаю в основном в жанрах: сказка, автофикшн, короткий рассказ, романная проза, современная поэзия. Есть несколько изданных книг: «Сказки на ночь для одного Евгения» (сборник рассказов), «Обрывки газет». Последняя издана в АСТ. Кроме того, я писала тематические тексты для Литрес&МосМетро, сборников «Городские сказки», проекта ROAR; был также опыт написания психологических детских сказок для журнала «Домовёнок Троша», который распространяется среди жителей детских домов. И другие публикации.

Мой основной хронотоп – дорога. За 2,5 года я переехала 34 раза, пожила в одиннадцати странах за восемь месяцев, и пока не планирую останавливаться.

БОГ В ВАГОНЕ ДО ПОРТ-ДОФИН

Иные мысли – те же молитвы. Есть мгновения, когда душа, независимо от положения тела, – на коленях.
(с) «Отверженные», Виктор Гюго

В девять вечера парижское метро пусто. Странное время: половина города уже готовится ко сну, другая – только переходит от пива в офисном пространстве к вину в хорошенькой brasserie. Промежуточное время, такое же пустое, как этот вагон. Но не сказать, чтобы совсем ничейное.

Во всём поезде всего несколько человек. На пружинистой связке, разделяющей вагоны, стоит пожилой музыкант; лицо прикрыто прозрачной антиковидной каской, на земле – шапка с горсткой медных пятицентовых монет. Он исполняет Элвиса Пресли в блюзовой обработке. С другой стороны вагона, в такой же пружинистой связке, стоит монашка в одеянии ордена мерседариев – с головы до ног в белом, но с чёрной вуалью. Монахиня прижимает к груди табличку, на которой напечатана просьба о пожертвовании на строительство храма, а в руках держит маленькую бордовую коробочку с узкой прорезью для денег.

Немногочисленные пассажиры вагона развернулись в одну сторону – их взгляды приковывает музыкант, который, прикрыв глаза, самозабвенно поёт. Спиной к нему стою только я: во-первых, это позволяет мне почувствовать себя героиней фильма с отличным саундтреком; во-вторых, мне чертовски обидно не иметь при себе наличных денег – в шапку этого музыканта я вытряхнула бы весь кошелёк, будь он у меня с собой.

Я вдыхаю насыщенный чайный запах букета фиолетовых фрезий. Он так сочетается с этой музыкой. Цветы радуют взгляд, тёплая ладонь мужа греет мою – каждый из органов чувств сейчас получает удовольствие, и кто бы мог подумать, что тут, в парижском метро, которое обычно пахнет куда хуже, чем метрополитен Москвы, можно чувствовать себя так хорошо: будто у моего сенсорного восприятия сегодня не четверг, а вечер пятницы перед долгим отпуском – короче говоря, праздник жизни, свободы и радости.

Я рада, что муж сам предлагает подарить музыканту цветы. Вообще-то он понятия не имеет, что такое жадность, и про правило «не передаривать подарки» (в том числе те, которые подарил ты сам) не слышал. Поэтому время от времени мои цветы щедрым велением его души становятся цветами кого-то ещё. Мне нравится это, но я каждый раз стесняюсь предложить сама: вдруг – ну вдруг – его это обидит? За три года я так и не привыкла к его беззаветной щедрости.

Парижские поезда метро делают остановку каждую минуту. Перегоны здесь настолько короткие, что, стоя на одной станции, можно разглядеть другую – точнее, две других, с обеих сторон. Я радуюсь, что музыкант едет с нами станцию за станцией, половину ветки, всё расстояние от коворкинга на Монмартре до нашего дома – это делает его по-настоящему «нашим» музыкантом. Муж кладёт в раскрытый кофр цветы. Я мельком смотрю на него, но краснею и снова отворачиваюсь.

И вижу, как на остановке монашка, не выдержав конкуренции, выходит из вагона. Она гордо несёт голову, и чёрное покрывало развевается от волны ветра, которую поднял поезд. Лицо непроницаемо, губы сложились в узкую линию, прямую, будто начерченную по линейке. Холодная, строгая и даже, наверное, роковая – она исчезает, когда мы, набрав ход, проносимся мимо и ныряем в темноту, короткий глоток темноты между двумя станциями метро.

Музыкант заводит новую песню. До сих пор он, кажется, ни разу не открывал глаз, хотя неизменно благодарил тех, кто бросал ему горсть монет – или цветочную ветку. Он поёт так, словно каждая строчка песни принадлежит ему, выросла из него самого. Эту искренность не запишешь на mp3 и не выложишь на Spotify – пожалуй, она вовсе не существует в цифровом мире. «Я сделал всё, что мог, хоть это было немного. Я не мог почувствовать, поэтому попытался прикоснуться. Я говорил правду, я приехал в Париж не для того, чтобы тебя обмануть… И хотя всё пошло не по плану, я предстану прямо тут перед Богом песни, и ничего, ничего не слетит с моего языка, кроме: Hallelujah…»

Говоря по правде, Коэн написал восемьдесят куплетов для этой песни, и ни один из них не звучал так уж религиозно. Но именно она всю жизнь ассоциировалась у меня с божественным внутренним светом. Думаю, не у меня одной: во всяком случае, этот уличный музыкант вложил в песню то, что я всегда в ней чувствовала. Что-то надрывается внутри сердца, что-то болит глубоко и нежно, и эта боль – ввысь. Как в Сакре-Кёре, когда его заливает окрашенный витражами разноцветный свет. Алый, пурпурный, нежно-розовый, голубой.

Он играет последний аккорд и выходит, оставив нас в тишине на два последних пролёта между станциями. Вторая ветка по направлению Порт-Дофин целиком проложена под землёй. Чем тогда объяснить то, что наш вагон заливает ослепительным солнечным светом?

ЕЛЕНА СОКОЛОВА

С шести лет пишу стихи, лет с одиннадцати - прозу. Занимала первое и второе места в Международном творческом конкурсе Arruna в номинациях стихи и проза в 2005, 2007 и 2009 годах. В 2015 году отправила на международный конкурс "Open Eurasia" рассказ "Сладкая жизнь". В 2016 году - стихотворение "Ален Делон". А в 2020 - повесть про Африку "Васаhа". В 2019 году участвовала в в Международном конкурсе, посвященном Пасхе, отправив туда шесть произведений (рассказы и стихи), и занялапервое место.

Летом 2022 года прошла курс свободного писательства "В объятиях музы" молодой писательницы Анечки Чулановой.

В ПОИСКАХ СВЕТА

Сейчас такое время...наши души все больше ищут света...

Тянутся к нему.

А иначе быть не может!Иначе мы не выживем!

Искать добро, человечность, тепло-становится целью в такой непростой период нашей жизни...

Мои источники света:

-БОГ

Все чаще хожу в церковь.Лично мне без неё тяжело пережить все последние события. С нами Бог-и это даёт силы.

Момент: вышло солнце и через узкое витражное окно лучи солнца озарили все янтарным светом:иконы, свечи, прихожан...и на душе стало немного теплее.

Господь Бог- он здесь. Он с нами. Он среди нас.

-ЛЮДИ

Все чаще ловлю себя на мысли, что Господь Бог любит нас через людей,учит нас- иногда даже через совсем незнакомых.

Момент:перед исповедью бабушка так искренне и сердечно поклонился произнесла:»Простите, милые, за все простите»...Что слеза покатилась по щеке.

Терпение, скромность, великодушие, милосердие- человеческие добродетели, которые дают силы верить.

-ПРИРОДА

Осень для меня всегда была источником вдохновения. Всегда задавала себе вопрос: почему листья не просто гниёт, оставаясь неприятно-коричневыми, а до последнего радуют нас такими красками, что самый опытный художник не всегда бы смог смешать краски в такую прекрасную палитру.

Момент:смотря на листопад понимаешь, что Господь Бог задумал золотую осень, чтобы порадовать нас перед холодной зимой. Господь Бог многое придумал, чем мы можем восхищаться. Он нас любит.

-ДОМ

Особенно становится значимым в такие времена. Это и отдушина, и убежище для нашей души. Мы наполняется, но не надо забывать пополнять чашу домашней любви. Внимание, соучастие, забота...

Момент: тихий семейный уютный вечер. За окном холод, ливень. А у нас на столе теплая шарлотка и облепиховый чай. Маленькие свечи создают уют, а тёплые разговоры согревают наши души.

-МЫ САМИ

«Делай, что должное и будь, что будет»

Мы не можем жить, как раньше. Каждый день мы должны становиться лучше и ценить каждый день, как великий дар!

А что для Вас является светом?

Чарли Чаплин
03.04.2021

Marlin Monro

CATHIE CAYROS

I was born in Moscow and I have been living in France, in a picturesque location, close to the border with Switzerland. My village has been known since the 14th century and is located on the shore of the lake called Lac Léman, a lovely spot admired by many artists and poets of the past centuries.

I am a doctor and have an M.D., Ph.D. in medical science. Literature and creative writing are still quite a new area for me.

Thanks to my medical education, I am quite good at understanding human psychology and taking a deeper look into a person's essence, their character, as well as comprehending their feelings and the reasons for their state of mind.

As a Participant and winner of many international competitions and festivals, I have been awarded diplomas and prizes.

More than thirty publications and two books have been published in Russian and English. The books are published on Amazon and other international electronic platforms.

I feel I've been blessed in life with my gift of literary creativity and the ability to express myself on pages of my own books. I feel lucky and grateful for all my friends and colleagues who share the same interests as me!

YOU STOLE MY HEART!

The lake waves are splashing around my feet, lapping the shore, running away and coming back to me. Their Music is like nothing else. It has its own peculiarities: its deep-toned chords highlight its power, as if it's not even a lake - it sounds like an endless ocean bay - and then come gentle trills, the lyrical part that inspires the romantic spirit. What a fantastic symphony!

At this very moment, the waves are getting closer and closer to my feet, performing their mundane dance, touching my skin gently and calming me down. The colour of the lake is changing; the water goes from light to dark. Its surface looks like a piano keyboard, where a talented musician's hands are flying masterly above the black and white keys. Who knows for how many centuries people have been admiring your beauty, standing on this shore and thinking about the same thing? You, the blue and grey sky-like greatness, have always been urging their imagination, and they have always honoured you in their artworks - our heritage, the memory of our ancestors.

One of such artworks is all made from stone and is a shy quiet village founded in the 14th century on this picturesque shore of France - Nernier. No matter how many times I have been standing here and admiring you, I am still amazed by the pristine beauty that has forever gained my heart and captured my soul.

There are only a few streets here, the indented shore of Lac Léman, some secluded spots and an ancient cathedral. The quay is home to a lot of fishing boats and parked yachts, and the main place of interest here is a local restaurant. Beautifully located among century-old sycamores, it is famous all along the lakeside and always attracts visitors by delicious fish dishes and a breath-taking view of the same landscape.

Visitors can never get tired of the smooth lake water and the outlines of the mountains, sometimes shining in the sun, sometimes hidden in the blue smoke.

This mountain is called Jura, it's the foothill of the Alps. The huge orange star is slowly going down behind the forests of Jura, gradually changing the whole landscape along the way: at first, it uses some gentle pastel colours, and then the colour range is getting more and more vibrant, leaving its trace everywhere around in the area.

I'm walking along the lakeside, coming out to the main square, and turning around the corner where la Place du Musée is there are bars and little dineries, there is a pottery art gallery where one can find sculptures and other ceramics. There is also a fine art gallery Musée du Lac where local artists present their paintings and where artists and poets from other places come for inspiration. For instance, Enrico Vegetti, an engraver who was born in 1863 in Turin. Since 1900, he dedicated his whole life and talent to this place. He was a modest person who knew how to see and feel the simple beauty of this land, how to appreciate it in its fullness. His artworks let us see this beautiful land through his eyes, through his unique vision. The Parisian school celebrated the charm of his works and their poetical and emotional quality.

"You should not mix up colours. The colour should sing."

Those were the words he wanted the future artists to remember.

His house in Nernier is decorated with a memorial made by his friends and admirers.

I'm walking further and reaching one of the isolated spots of the quay where the space of the lake looks especially amazing. The waves are breaking on the huge rocks, sparkling in the sunlight.

I'm reading:

"Geneva Lake and its breathtaking shores have always drawn my attention in some special way which I can't even explain. It is somehow related not only to the beauty of the scenery itself but to something more interesting than that. Something that touches my soul deeply and softens it." That's how Jean-Jacques Rousseau, a Franco-Swiss philosopher, composer and writer, described his love of this place.

This is a poem by Alphonse de Lamartine, a French poet in romanticism:

"In this divine picture, a slow oar forgets to hit the wave rising under the deck;

all we can hear is the sound of white pearls of water which fall back into the lake on both sides of the boat,

all we can hear is the wave swelling gently,

and the indistinct sounds of water in dreams and visions!

Oh, poetic sea! This boat has more than a heart that can understand your mournful murmur;

Some are impressed by the scene,

Their chest is rising like a wave,

Opening up to reflect the Nature and its God of love and freedom in the light of the Alps;
Unable to speak, burdened with the enchantment,
They spread it everywhere around, to every soul... tears!"

"Lake Leman woos me with its crystal face,
The mirror where the stars and mountain's view
The stillness of their aspect in each trace
Its clear depth yields of their far height and hue"

This is Lord Byron himself, the English poet of romanticism - he was also fascinated by the beauty of these landscapes.

One can find all these quotes engraved on the stone tiles of the quay - the words said by so many grateful and deeply impressed people, talented and famous, ordinary and unknown, all those who visited this land at different times in the past, hundreds of years ago!

I proceed on my journey, further and further along the winding streets where another breath-taking view is waiting for me around every corner. Local houses are surrounded by a garden; it's like another piece of art too because of its colours and sophisticated plants: wistaria, hortensia, passion fruit, geranium, and a lot of roses entwining themselves around the stone walls, and the only sound is the babbling water in little fountains.

The road has come to an end, and there is just an open space between the earth and the sky, a vast blue space until the horizon line - it's endless.

Is it even possible to describe the charm of this tiny mysterious town in a couple of pages?

It is getting late, and the splendour of the night colours embraces the lake and the village. Behind my back, there is an ancient castle on the hill. It is surrounded by a fence - the ivy is climbing up its walls. There used to be a local baron who owned all this land - now it's his offspring who own it but I don't know if it's as much land as it used to be. Someone told me that the baron could speak Russian and loved Russian literature, but I didn't have a chance to meet him.

I'm leaving the lakeside and walking back to the centre of the town. I'm reaching the Cathedral built in the 14th century - it's always open. It's a bit dark inside, and the stone walls keep the coolness. There are no visitors there at the moment but on a special occasion there are never enough seats, so people bring their own chairs. There's a simple altar, a small ancient organ, and multiple wooden benches - everything here is a decoration.

Who can take away the ancient spirit of greatness from this place! One can feel it touching these walls and breathing in this air! I sit down, close my eyes and enjoy the silence and the power of God!

I wish there was a silence like this and a blue open space everywhere in the world.

ДИЛОРОМ НИШАНОВА

Меня зовут Дилором. Я родилась и выросла в солнечном Ташкенте, Узбекистан. Получила Грант Фулбрайта для продолжение научной работы в Колумбийском Университете в Нью Йорке. Это были самые познавательные и интересные годы в моей жизни. Сейчас я живу и работаю в США.

В этом году я приняла участие в Альманахе «Нить-6» со своим рассказом «Американская мечта», одной из глав моей книги «Учитель».

2019 году мне посчастливилось принять участие в Евразийском Литературном Фестивале в Бельгии, где моя книга «Учитель» получила 3-е место в категории «Лучший Женский Автор».

Я бы хотела пожелать членам, участникам, Совету Экспертов Евразийской Гильдии больших успехов и удачи!

АМЕРИКАНСКАЯ МЕЧТА

1997 год, Май. Москва, посольство США.

Народ толпился около посольства с самого утра. У иммиграционного отделения люди ожидали интервью с консулом. Обстановка нервная, немного страшно. Наконец-то подошла очередь Зиёды. Ее с семьей впустили внутрь здания, там они прошли в большой зал, где все ожидали, когда их позовут к консулу. Зиёда прошла и сдала все документы в окошко, где было написано «Прием документов». Началось томительное ожидание. Сидячих мест не хватало, детям пришлось устроиться на полу и терпеливо ждать. Они были еще маленькие и часто просили пить или что-нибудь съедобное, потом запросились в туалет. В зале было шесть окошек: два для приема документов, четыре – для собеседования с кон-

сулом. В первых двух окошках сотрудники быстро проводили собеседования, и люди счастливо уходили.

По наблюдениям Зиёды, четвертое окошко было страшным – там беседу проводила весьма строгая женщина. За три часа ее работы ни один из ее посетителей не получил документы на грин-карту. ёде так не хотелось оказаться возле этого окна!

Когда она услышала свою фамилию и номер окошка, про себя сказала: «Да будь что будет! » и уверенной походкой подошла к консулу. Зиёда всегда делала такой вид, когда у нее были сомнения в успехе предприятия. Но смелый вид сам по себе придавал ей сил и храбрости. Она подошла с мужем, с детьми, дружелюбно поздоровалась. Консул вежливо начала разговор о ее запросе на грин карту для специалистов.

– У меня на руках ваши бумаги на иммиграционную визу, есть ли у вас дополнительные документы?

– Да, но в основном это мои статьи в нескольких журналах, где они были опубликованы, университетские характеристики и рекомендательные письма моих руководителей, а также письма поддержки Американских коллег и профессоров. Консул попросила:

– Покажите письма поддержки ваших Американских коллег.

– Да, конечно.

Консул внимательно прочла все рекомендации, улыбнулась и сказала:

– Да, весьма хорошие рекомендации, но в них ни слова, что вам готовы предоставить место, а по требованиям этой категории визы у вас должно быть официальное приглашение на работу.

– Да, конечно, вот! У меня есть приглашение вНаучно-исследовательский Центр в Иллинойсском университете.

– Вы меня немного не понимаете. Я говорю о приглашении на постоянную работу, а это всего лишь трехмесячная стажировка в интернатуре, и тем более без оплаты.

– Но они потом могут дать мне работу...

Консул молча отвернулась, потом с письмами и приглашением в руках отошла от окошечка, пройдя в другую комнату.

«Сверяет документы», – подумала Зиёда. Муж и дети стояли рядом и наблюдали за собеседованием. Зиёде казалось, что в зале наступила какая-то странная тишина. То ли это было единственное окошко, которое работало в данный момент, то ли все посетители, не отвлекаясь, слушали, о чем говорят консул и Зиёда.

Через некоторое время консул вернулась.

– К сожалению, этих документов недостаточно.

Зиёда с каким-то внутренним упорством в душе ответила:

– У меня еще есть мои статьи и грамоты.

– А откуда я могу знать, что они ваши?

– Но я могу их перевести или рассказать, о чем они...

– Откуда я могу знать, что они принадлежат вам?! – с показным раздражением выступила консул.

И тут Зиёду осенило:

– Если вы сотрудник посольства в Москве, вы, наверное, знаете русский. Правда? Вот здесь, видите, моя фамилия! – она пальчико ткнула в нужную строчку.

Консул посмотрела на нее и металлическим голосом сказала:

– Я думаю, мы не можем продолжать наше собеседование, к сожалению, у вас нет достаточных оснований для доказательства права на эту категорию визы.

– Почему?! А мои зарубежные конференции, симпозиумы, мой диплом кандидата наук, мое знание английского, мой диплом о высшем образовании... На конференции меня посылали потому, что я могу говорить и обсуждать проблемы на английском, а в Америке это самое главное! Не так ли? Если у меня сейчас и нет приглашения, то спустя некоторое время у меня обязательно будет работа! Но только в том случае, если вы мне дадите шанс быть там!

Голос Зиёды немного дрожал, ее речь была эмоциональной, она почувствовала, что в зале стало тревожно. Или ей передалось состояние мужа и детей?

Консул прищурилась и твердо сказала:

– Я не могу разрешить эту ситуацию сама, я должна посоветоваться с послом, это сложный вопрос.

– Мой вопрос сложный? Серьезно? – с удивлением в голосе спросила Зиёда. – А разве вопросы подготовки документов, ожи- дание визы, покупка билетов на семью, бронирование отелей, ожидания возле посольства с двумя маленькими детьми – это не так серьезно, это ничто для вас?

Консул широко раскрыла глаза.

– Так-так, продолжайте, что -то еще? – как будто готовясь к бою, парировала она.

Зиёда не узнавала свой собственный голос, он стал каким-то чужим:

– Не надо тревожить господина Посла этим вопросом, не надо. Я понимаю, что я потеряла свое и ваше время, свои деньги и отняла у своей семьи надежду. Спасибо вам за все. И простите меня за то, что я отняла ваше время.

Консул закрыла окошечко. Зиёда повернулась лицом к залу. Посетители смотрели на нее с неподдельным ужасом, как минимум, они ожидали охраны или еще чего-то страшного. Зиёде стало нехорошо, она медленно села на корточки под окошком и закрыла глаза. Одна милая женщина принесла ей воду, про- шептав:

– Держитесь, вы умница, мы здесь уже третий раз и никак не можем пройти интервью, каждый раз преодолеваем долгий путь из Армении.

– Спасибо за воду и слова участия, но у меня второго раза не будет...

Немного погодя окошечко консула открылось, появилась консул, взглянула в зал, увидела мужа Зиёды и попросила подойти к окошку. Она попросила его положить правую ладонь на Конституцию США и следом за ней произнести слова клятвы. Еще через несколько секунд Зиёда услышала:

– Хорошо, вот ваши документы на грин-карту, вы можете лететь в Америку хоть завтра.

Тут уже весь зал с огромным удивлением стал смотреть на Зиёду. Тем временем консул провела небольшую беседу с детьми, попросила их так же повторить за ней слова клятвы, затем передала лично каждому из них в руки документы, попросив присесть, потом выглянула из окошка, увидела Зиёду и сказала:

– Подойдите ко мне пожалуйста. Примите мои поздравления, мы

решили предоставить вам постоянное место жительство в Америке как специалисту. Ну, Желаю вам удачи! Добро пожаловать в Америку!

Консул улыбнулась и закрыла окошко.

Зал взорвался от радостных восклицаний, посетители ки- нулись поздравлять Зиёду, стали обнимать ее: «Молодец, так и надо! »

За окошком появилась тень консула, но она не вышла, не призвала всех к порядку, а молча слушала радостные голоса и, наверное, тоже хвалила Зиёду.

У каждого человека есть мечта.

У нее была мечта жить, работать в Америке. Потому что это страна будущего. Но она не знала как ей будет тяжело вдали от родины, вдали от родителей. Но назад дороги не было. Она принала эту страну как родную, полюбила. Потом через долгое время испытав её, это страна примит ее.

Это как у Бога. Вы будете просить его дать вам что нужно, а он будет проверять вас на прочность. И даст вам то, что желаете, или то чего вы достойны.

Всему свое время.

LARA PRODAN

Lara Prodan is a Russian speaking author from the United States. She was born in Uzbekistan, raised in Ukraine and Belarus, and later lived in Kazakhstan, where she after obtaining her PHD in Economics was a recognized professor at the Kazakh State University. Her life experiences and journey have given her a unique global perspective in her writing. Not surprising that her novels and stories have historical and philosophical-psychological nature. A lot of her work has been translated into English, German and Belorussian languages.

Lara Prodan is the finalist and winner of many literature competitions and festivals. For example, the International London award 2015-2019, Open Eurasian Literature Festival and Book Forum in 2018-2020, and many others. Lara's books were also introduced at Moscow International book-festival and at International Sankt-Peterburg book fair in 2022. Lara Prodan is also a member of the Eurasian Creative Guild and of the Unions of writers in North America.

FATEFUL DECISION

(Excerpt from the novel "The Thin Thread of Destiny")
Russia, October 1918.

The family manor of the Ukhtomsky Princes, just outside of Petrograd, is practically destroyed. Only three rooms remained habitable. Those were the rooms which the families of the Ukhtomsky princes settled into. In one of the rooms–the biggest and most spacious one–behind the once exquisite and expensive oval table, sat the representatives of the Ukhtomsky princely kin. The oldest prince, Alexander, is just over forty years old. He was a tall, well-built man, and officer of the Tsar's army. His uniform, even though it was without any shoulder boards or other distinctive elements, suited him. The cut and the material of the suit pointed to its owner's high rank. Prince Alexander was, indeed, the army's colonel. After graduating the Pavel Military School, he was sent to serve as a second lieutenant in the Lifeguards of the Finnish Regiment. He served there up until February 1917. The February Revolution of 1917, leading to the emperor's abdication, gave rise to chaos inside Alexander. The prince couldn't get over what was going on in Russia. He remained loyal to the Emperor, when the Provisional Government gained power over the country, and when the Bolsheviks gained power through the October Revolution. Alexander didn't take part in any of the military conflicts during the past few years. The chaos in his soul slowly transformed into the fixed idea, which seemed to be the only right solution, to flee from Russia–the Russia he loved so much but couldn't understand or accept.

"You have to understand me! We can't just stay here! Look at what is going on! Destruction and starvation aren't the worst part. Sooner or later, all that was destroyed will be rebuilt," Proclaimed Prince Alexander, over and over, with an excess of hot-headedness, which was not inherent in this calm and confident person. "There is something worse than that. No revolution takes place without the annihilation of the dissidents, and I think that there are plenty of those in Russia. It's not just the people from our society, but also the sensible, intelligent people, and even the prosperous peasants–all those who have something to lose. Oh my God, ladies and gentlemen, you have no idea what will happen to us!" Alexander was walking nervously up and down the room. However, he suddenly became silent as he walked to the window and gazed at the street. The room was tense and silent. The wind outside whirled the yellow leaves fell off the trees. The puffy clouds were about to pour down with rain onto the wounded ground, which yearned for care. It was dark and uneasy. In the distance, an obscure noise swelled and quieted down. Suddenly, Alexander turned around abruptly. His face was distorted with horror and indecision.

In a slow steel-hard voice, Alexander addressed his brothers, "I want you to know. I swore an oath to His Majesty Nicholas II and I do not intend

to betray him. But the Emperor doesn't exist anymore. The Russia I served for and defended doesn't exist anymore. I don't intend to swear a new oath to anyone."

In the absolute silence of the room, his clear, well-placed voice sounded like a hammer striking an anvil. The hearts and souls of the present of those present were the anvils. Prince Alexander's wife, Princess Helen, looked at him with love. She always supported him. Their son, George, turned sixteen a month ago. Helen was worried about his future. Moreover, she didn't see a future for him in this new, hostile Russia.

"I have decided to leave Russia. Forever," uttered Alexander, clearly pronouncing every word. "My brothers, I suggest that you join us, and we will leave altogether. We must decide this tonight. Tomorrow might already be too late." His light-blue eyes suddenly darkened and, in the depths of blue, everyone could read such firm confidence in his decision that his brothers couldn't find anything to say. Deep silence fell.

The middle brother, Leon, stood up from his chair, where he sat the whole time without moving, his head hanging, and walked up to the window. It was already dark outside, and the wind was still strong. The boring autumn rain was starting. It grew stronger and began angrily beating down the windowpanes. The room was just as dark. Olga, Prince Leon's wife, lit three candles, and put them on the table. In the flickering dim light from the candles, the faces of those sitting at the table looked exhausted and tormented. Their eyes looked lacklustre and expressed their suffering. The oppressive silence was interrupted by Leon" quiet voice as he walked up to the table.

"I understand you, Sasha. You always keep your word, you always follow your principles. You don't want to go against them, even now. Yes, I understand that it's hard to imagine yourself in this new Russia. But leaving the country, to go God knows where, as you are suggesting, is stupid. It's highly stupid."

Leon came up close to his older brother and looked him right in the eyes. Alexander also looked Leon in his eyes. It felt like the staring-war would never finish. Alexander's blue eyes, which looked like two deep lakes, and Leon's deep brown eyes were staring at each other, as if communicating, arguing, and trying to find answers for the crucial questions: What to do next, where to live, how to live, what to believe in.

"No, Leon. Perhaps you don't fully understand what the new Russia is like and who is making history in it now," Alexander broke the prolonged silence. "According to the anthem of the Bolsheviks, you and I, and everyone like us, are like a pack of dogs and executioners and, according to their beliefs, our whole class should be destroyed. He who was someone must become no one, and he who was no one must become someone. Do these words mean anything to you? It is their new action program with respect to us and those like us. I will not allow my family to be destroyed due to some idiotic idea about equality."

The prince's voice was becoming stronger, and his last words were uttered with a stern, severe voice. His long thin nose with flared nostrils, his handsome high forehead, streaked with barely noticeable wrinkles, was covered with perspiration, his pale skin became slightly pinker, and his lean figure became tense. Both Alex's face and figure pointed to the firmness of his decision.

Prince Leon didn't expect such pressure from his older brother. Regardless of an age difference of five years, they were very friendly with each other. Quite often, in childish arguments, it was Leon who would win. Moreover, Alexander often lent his ear to his younger brother's opinions. On the one hand, Leon could understand Alexander. Alexander dedicated his whole life to military science. Even as a little boy, he dreamed of military accomplishments. He had two idols, and both were named Alexander – Alexander Nevsky and Alexander Suvorov. He was also an Alexander and was getting ready to defend his fatherland from conquerors. He wanted to be remembered as a skilful General on the battlefield. But he couldn't be at war with his own people, the Russian people, even if they wanted to destroy him and his family. Leon completely understood his older brother's reasoning. However, he couldn't agree that fleeing Russia was the only solution.

"No, Sasha. You... You are very cruel to yourself and your family," said Leon, his voice trembling with agitation and the overwhelming sense of alarm. "Do you even realize what doom you are bringing upon yourself,

Helen and your son? Where are you planning to live? How are you going to earn money? What are you going to do? Sasha, did you think about any of that?" Leon's voice sounded like an alarm bell, alarming and appealing. He then addressed the youngest brother, "Why are you so silent, Aleksey?"

Prince Aleksey stood by the window, gazing at the streets, where the wind was at its strongest, ripping off whatever yellow leaves were left on the trees, breaking the dry branches, whirling up the withered blanket of flowers and leaves off the ground. The rain was beating down on the windowpanes for a good seven minutes, failing to properly wet the ground, providing more work for the wind. The room became chilly and uncomfortable. All the present women put warm woollen shawls over their shoulders. Princess Olga approached the sofa by one of the walls where her three-year-old daughter, Lida, was fast asleep, and covered her with a duvet. Shivering from the cold, Aleksey walked up to the fireplace and lit up the fire. The slightly damp birch logs arduously absorbed the energy of the warmed up dry chips, doubling the warmth for the present people. The room gradually became warmer. Prince Alexander walked up to his wife, and gently offered her to sit closer to the fireplace. Princess Olga followed her example. Alexander and Leon remained at the table. The candles were almost burnt out. They decided not to light new ones. The light from the burning logs illuminated almost half of the room. It was just enough to see everyone's face.

Prince Aleksey sat on the chair by his oldest brother. They had a huge difference in age. Last week, Aleksey turned twenty-seven. Their parents died in 1895, during a fire in the neighbouring manor, which belonged to Prince Golovin Victor Alekseevich. The fire happened during the Christmas celebration due to the carelessness of one of the owner's servants. The only survivor, who was severely burnt, was the prince's son, Golovin Gregory. He spent a long time abroad with doctors, and then decided to stay somewhere in Italy. The three brothers were left under their uncle's care, their mother's brother. Alexander was eighteen and was getting ready to go to the military school. Even though he was far from home, he visited quite often. These short leaves from the army were a celebration for the brothers, especially the youngest, Aleksey.

Aleksey tried to be like Alexander, who was an asset for him in everything. Nevertheless, Aleksey chose a different route in life. From a young age, he dreamed of learning about the earth's riches, finding deposits, and he was especially interested in the geological exploration of oil pools. Aleksey graduated from the Saint Petersburg Mining Institute and became a mining engineer. He wasn't married and wasn't planning to be entangled in Hymen's meshes with anyone until at least the age of thirty. Science took up the first spot in his life. He was a cheerful young man full of hopes. But today, he realized what it was they were deciding. His, his brothers", their wives" and children's futures depended on their decision. Just like Leon, Aleksey could understand his oldest brother. But, at the same time, he also agreed with the middle brother. Aleksey couldn't imagine how it was possible to leave his home country at the time when it needed them the most.

Suddenly, he stood up and walked up to the fireplace. In the gleam of the burning logs, the prince's face looked pale and nervous. He gritted his teeth. Standing by the fireplace for a few moments, he uttered the phrases which he was thinking about all night, "Alexander, you know I love you. I respect you as the oldest member of the family. You practically replaced our father for me. But I can't support your decision right now." He took a deep breath and continued. "Russia is our motherland. We were born here; we grew up here. Our parents and ancestors are buried here. The history of our kin, the Ukhtomsky princely kin, lies here. Yes, we served the Emperor Nicholas II and all the tsars before him. We served them faithfully and loyally. The time has come, and Nicholas II was overthrown. Now the Bolsheviks are in power. But they were also born and raised in Russia, and I think they love it just as much as we do. The Bolsheviks are trying to build a new government where there will be no class division, no poor and rich. I don't know, but perhaps someday they will accomplish it. I don't know. All I know is that amongst them and their supporters are many intelligent, sensible, educated people. They won't let them destroy the Russia that we love," Alex said, and then fell silent. His voice gradually quieted down, lost its loudness, and became coarse. Alex poured himself some water from a carafe into a small crystal glass, drinking in big sips. Everyone in the room watched him silently. The young prince abruptly turned towards his brother

and said, with a relaxed and, once again, loud voice, "Sasha, the motherland doesn't become worse just because the ruler's change. The motherland is where we were born and raised, where we have a family and a home. Think about it before you make a final decision. Remember, once you leave Russia forever, you will lose the powers of Antaeous, and it's extremely hard to live without them."

At this point, Alexander, feeling highly proud for his younger brother, hugged Aleksey, and then looked him in his blue eyes, just like his own. He looked at them for a long time, as if he wanted to leave something in them, or take something for himself.

"Oh my God, I haven't even realized how much you grew. You became a real man, an intelligent, fully-fledged man. I am so proud of you," said Alexander in a tender voice. "You are absolutely right, Aleksey, when you talk about Russia as a motherland. Yes, I was born and raised here, I was educated here, and I served for my fatherland. But the fatherland I served for doesn't exist anymore. Russia is not the same, and I don't feel my complicity in the future of the new Russia. It's foreign to me. Aleksey, Leon, you must understand, the motherland isn't only the place where a person was born and where his ancestors and relatives are buried, no. The motherland is a place where a person feels at home. I am afraid of the new Russia, and I am afraid of the people who are now in power. I thought this through, and I asked myself whether I can accept the new Russia and whether I can serve for her. And I always came up with the same answer: No."

Alexander went silent. His eyes watered, his lips trembled, and his cheeks blushed nervously. After a moment of silence, which gave him time to calm down, the prince continued in a quiet, yet stern, voice, "Well, I understand you and your reluctance to leave Russia with me. In three hours, my family and I will meet my comrades from the Finnish regiment. They will help us get across to Sweden, and then to England. From there, we will most likely head for America if we are lucky enough to survive."

Alexander stopped talking. His mouth went dry from the stress and nervousness. He reached for his glass of water. Everyone in the room was so silent that they could hear the mice rustling next door. Having taken a few gulps of water, the prince continued, "I think this is our last night together. I don't know what our destiny is. I would like us to always remember each other. Perhaps, one day, our descendants" paths will cross..." Alexander's voice trembled with anxiety, and his eyes watered. He walked up to his wife, rested his hand on her shoulder and quietly said, "It's time to go. George is waiting for us outside. The carriage and the horses are ready. We don't have much time."

The prince brusquely turned towards the others. His brothers and Princess Olga were standing and waiting to bid their goodbyes to Alexander and his wife. Everyone was depressed, in tears, and silent because they couldn't talk anymore, not that anybody wanted to. They were overwhelmed with emotions. The brothers hugged and, after a few minutes, made a quiet promise.

"We will always remember each other!"

The brothers couldn't let go of each other's hands. Now, more than ever, they felt like one whole.

Princess Helen walked up to the brothers.

"Leon, Aleksey, I'm afraid we have to go now. Soon it will be dawn, and it will be very hard to leave. Moreover, we risk letting our friends down," she said to the brothers. She then turned to Olga, hugging and kissing her tenderly on the cheek. "Goodbye, Olga. I don't know if we will ever see each other again. Take care of Leon, Aleksey and Lida."

At the doors, Alexander and Helen bowed to their family and quickly left the house.

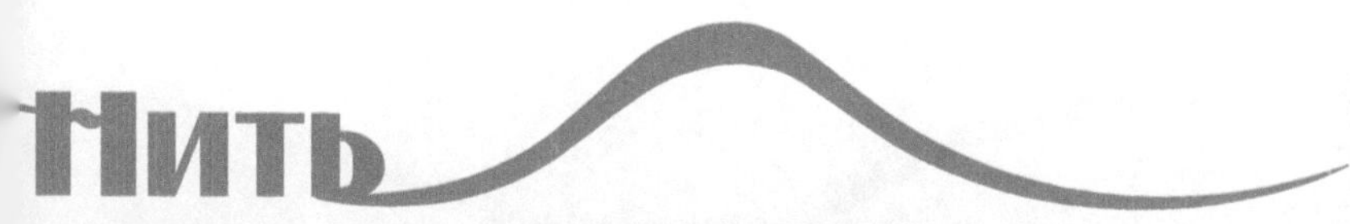

МАРИНА ВАРДАНЯН

Марина Варданян родилась в Ереване. Окончила с отличием Ереванский государственный университет по специальности «биофизика». Защитила кандидатскую диссертацию. Работала экспертом по окружающей среде и природным ресурсам в разных организациях и странах. Преподавала в вузах. Автор более двадцати научных статей, двух патентов, нескольких научных книг и сборника рассказов и стихов «Мысли Вспять». Публиковалась в коллективных изданиях, включая проект «Библиотека современной поэзии», в разных номерах «Литеры», многочисленных журналах и интернет-изданиях. Марина дипломант конкурса «Куда уходит детство» в номинации «Проза» за рассказ «Доброта», дипломант «Литеры». Заняла второе место в международном конкурсе «Великий Странник» за рассказ «Аккордеонист». Финалист конкурса «Open Eurasia 2021" за рассказ «Дочь». В 2022 году в издательстве Альтаспера, Канада, вышла ее книга « Возвращение К себе».

ГОЛЫМИ РУКАМИ

Кто-то окликнул меня. Оборачиваюсь – какая-то размалёванная и толстая женщина. Всматриваюсь – не могу припомнить. Она весело смеётся:

– Вот так никто меня не узнаёт.

Эта весёлость подкупает и кого-то смутно напоминает. Вика, ну, конечно, это же Вика!

– Наконец-то, – продолжает смеяться Вика. – Да, я теперь важный человек, но всё-таки можно меня узнать, не так?

«Интересно, почему она важный человек, по размалёванной безвкусице не скажешь», – проходит в голове.

– Пошли пить чай, я приехала ненадолго... Насколько помню, здесь должно быть уютное кафе, – предлагает она.

Когда мы усаживаемся за маленький столик, продолжает расспрашивать, но чувствуется, что делает это без особого интереса:

– Ну, как ты, рассказывай...

Ей явно хочется рассказать о себе. «Вот, не дам тебе этот шанс, начну долго говорить о себе», – решаю я.

Но Вика меня профессионально перебивает, сразу видно, что руководит многими сотрудниками, и переходит на свою жизнь:

– Ты помнишь Симона, конечно, он же был так красив и умён, как его не помнить. Так вот, он стал моим вторым мужем.

– Неужели! – только и воскликнула я.

– А что в этом удивительного? Да, в институте у нас обоих были другие семьи, но мы нашли друг друга и развелись.

«Ты нашла его, – подумала я, – а он, видимо, только подчинился».

– И что? – съехидничала я.

– А то, что он сейчас важный пост занимает, и я тоже независимо от него руковожу департаментом:

«Бедные сотрудники», – подумала я. Не помню конкретно за что, но мы её не любили. Может, за наглость или за что-то ещё. Может, завидовали: она всегда была безвкусной, вульгарной и всё-таки нравилась лучшим парням. Может, именно за это мы её и не любили.

– Ты кого-нибудь из наших встречаешь? – интересуется она.

– Да, мы дружим, – мне хочется показать ей, что мы все дружим, но не с ней. Кажется, она поняла намёк. Важность на секунду сошла с неё. Но лишь на секунду, это же Вика, ей главное добиться своего, а о других пусть думают другие.

Она опять весело засмеялась:

– Нет, жизнь не возьмёт меня голыми руками.

Ещё полчаса она продолжала щебетать и хвастаться, потом мы расстались.

Позже я узнала, что в ту нашу встречу она приехала разводиться: Симон ушёл к другой, а с работы её сняли несколько месяцев назад – сотрудники пожаловались.

Тут до меня дошла её фраза «жизнь не возьмёт меня голыми руками», и я впервые поняла, что в ней есть оптимизм и сила – именно за это она и нравилась.

АННА ГОГОЛЕВА

Жизнь у Лены-реки, в саду, среди природы Севера, личность, творчество отца, народного поэта И.Гоголева, матери М.Чертковой, первого садовода ученого-селекционера Якутии, учеба в Литературном институте им. М.Горького оказали огромное влияние на меня, как творческую личность, а также друзья, близкие, мир русской, мировой и якутской литературы, культуры. Работала в Москве, в газетах, закончила аспирантуру Института мировой литературы им.М.Горького, кандидат филологических наук.

Работаю старшим научным сотрудником в Литературном музее им.П.Ойунского в Якутске.

Автор ряда статей о якутской культуре, литературе, театральных пьес, книг: «Дух голубого огня», «Дорогой сердца» о путешествии Кэт Марсден в Якутскую область и других. Перевела все романы своего отца.

СЕСТРЫ ЕКАТЕРИНЫ

- Госпожа, то есть мисс, держитесь, мы почти у цели, - знакомый голос точно вывел из небытия. Кэт вскинулась, усилием воли стряхнула тягостное оцепенение, что точно затягивало ее в забвение. Прочь усталость и боль, не для того проделала такой опасный, тягостный путь, чтобы потом погрузиться в это.

- Но где же они?!

Будто в ответ из дебрей колючего кустарника, дремучих елей, сосен выступило одинокое жилье.

Путники, лошади при виде его прибавили шаг. На них больно было смотреть: тайга с непроходимыми дебрями, ямами, буреломом точно высосала из них силы, вместе с кровожадным комарьем. Это было тягостно даже для бывалых, привычных к трудностям казаков, сопровождавших сестру милосердия Кэт Марсден, а для нее уроженки Англии, верно, было непереносимо. Но она держится, несмотря ни на что и не думает отступать, напротив, старается поддержать словом, взглядом ли, когда приходит в себя после очередного опасного перехода.

О ней много говорят, что она с благословения принцессы Уэльса Александры и самой матушки императрицы Всея Руси проделала многотрудный путь, чтобы помочь болящим проказой по всем мире, приехала сюда за лекарством, заветной травой в надежде об их исцелении, и чего только не испытала сердечная и от рук разбойников чуть не погибла, а их в огромных просторах Сибири хватает, всех неугодных сюда ссылают, да еще в водах сибирских едва не утопла - но все выдержала и добралась - таки сюда на край земли, да еще решила увидеть своими глазами, как обитают тут бедолаги, самые несчастные на белом свете. Да не белый он для них тут, а черный в такой чащобе, со зверьем, комарьем, в голоде и холоде, в такой страшной хворобе, заброшенности. Что ей до них, жила бы себе в своей благополучной Англии, так нет же, поехала, благо, что поддержку знатных нашла - самой императрицы, важных лиц из ее Двора, а здесь - губернатора, священника Мелетия и других добрых людей.

Кэт Марсден с усилием сошла с седла изможденной лошади и первой направилась к землянке, что едва держалась на покосившихся бревнах. Казаки опасливо держались в стороне: кто его знает - костоеда эта никого не щадит, прицепится, то все пропало, в могилу эту и попадешь...

Кэт решительно открыла дверь, обитую истлевшей телячьей шкурой и, кивнув переводчику Петрову, пригнулась, чтоб не задеть низкий потолок.

Страшный дух едва не сбил с ног, куча мух неохотно отлепились от двух почерневших тел, накрытых тряпьем, и горящий взгляд точно пронзил ее.

- Кто вы, что вам надо?

Девочка подросток вскинулась и закрыла собой двух лежащих больных.

Переводчик, успокаивающе вскинув руку, заговорил, и взгляд ее в мольбе зажегся. Она что - то промычала и кинулась в ноги Кэт, вцепившись в ее руку, с повязкой сестры милосердия на рукаве, с красным крестом.

- Она просит помочь ее родным, - глухо ответил Петров.

- Конечно! Ради этого мы и пришли сюда! - воскликнула Кэт.

Она внимательно осмотрела девочку. Несмотря на грязные лохмотья, космы, исхудалый вид от нее не шел тот особенный запах тлена, что исходил от всего существа других прокаженных и кожа, несмотря на ужасающую заброшенность кругом, была здорового цвета.

- Похоже, она здорова, болезнь еще не коснулась ее. Но если останется здесь, этого не миновать.

- Она уже в ней наверно, и куда ее взять отсюда - то.

- Нет, поверьте мне, я разбираюсь в этом, столько навидалась - она не больна. Я возьму ее с собой.

- Мисс, это не реально. Вам никто не позволит вывести ее, вы же знаете - правила строгие.

- Тогда я уговорю господина губернатора, чтобы он взял ее к себе в дом.

- Но мисс, это невозможно, а вдруг...

- Поверьте моему опыту, она здорова, я никогда не прощу себе, если оставлю ее здесь.

Петров пристально вгляделся в нее и со вздохом произнес:

- Хорошо я поговорю с ней, согласится или нет...

Петров долго говорил с девочкой. Та отчаянно мотала головой, закричала, когда он взял ее за руку, пытаясь увести силой. Нет, она никак не хотела оставлять своих близких одних в такой беде.

Тогда Кэт сказала, глядя ей прямо в глаза:

- Я понимаю, ты не хочешь их оставлять, но так ты им поможешь лишь ненадолго, ты ведь знаешь. А если поедешь со мной, останешься в живых, здоровой, и поможешь мне помочь им. Ради этого я здесь вместе с этими людьми. Поверь мне – я все –все сделаю, жизни не пожалею, ради этого меня сюда и призвал Господь!

Девочка верно все поняла: молча протянула ей руку, подошла к отцу, матери, что безмолвно смотрели на них, вытирая слезы из почерневших глазниц. Мать что-то сказала дочери и та, всхлипнув, припала к ее иссохшим рукам. Отец на прощанье заговорил хриплым голосом.

Петров глухо проговорил:

- Он благословляет ее, говорит, чтобы она обязательно поехала с нами и верила Вам, госпожа. А они будут молиться за Вас всем своим милостивым божествам, чтобы у вас все получилось.

Кэт просияла, доверие этих людей придавало сил, как и свет, что зажигался в их глазах, когда она приходила к ним, доставала из сумок нехитрые подарки, одежду, съестное, свечи – все, что она могла сейчас сделать для них. Но главное – дом для них непременно должно построить, это для них как спасение, в этом убеждалась все больше и больше, добираясь от одной землянки к другой. Нет, так люди, да еще такие больные, на краю черты, не должны жить - никто не должен - нигде и никогда!

Узнав о такой беде, добрые люди непременно помогут, не зря ведь первые лица Англии и всея Руси, губернаторы, священники, казаки, сестры милосердия обеспечивали помощь и содействие в ее пути. Что беды и опасность, что претерпела она, по сравнению с несчастьем заброшенных людей. Ради них, спасения их, надо преодолеть все невзгоды и сделать все возможное.

Кэт, прощаясь со всеми, казаками, губернатором, отцом Мелетием, оглянулась.

Катя, так назвали спасенную девочку, выступила из толпы провожающих. Она похорошела и расцвела в доме губернатора, где тепло ее приняли и приютили. Когда взгляды их встретились, Кэт тихо сказала:

- Да, Катя не тревожься, я сделаю то, что обещала, ведь это вопрос жизни, и ты мне веришь, как мои друзья, братья и сестры, что так надеются, верят и ждут. Вместе мы сможем многое - да. Мое сердце да пребудет с вами!

Катя просияла и благодарно пожала ей руки.

АНДРЕЙ ГРОДЗИНСКИЙ

Андрей Гродзинский. Родился в 1995 году в Ташкенте. По образованию нефтегазовый инженер. Поэзию начал писать в возрасте восьми лет, прозу – в восемнадцать лет. Первый полноценный рассказ был написан в 2018 году. Повесть Андрея Гродзинского «В преданных глазах друга» стала обладателем гран-при конкурса Открытая Евразия-2021.

СТРАННИК

Море. Безупречное, безмятежное, такое близкое, доступное, неповторимое. Его солёный запах, который переходит в привкус соли во рту; ветер, который не может быть не попутным; желание, которое переливается слегка игривыми волнами, затем перерастает в неподдельную страсть – шторм, бурю, стремящуюся убрать случайных странников с пути, проверяя их верность и преданность своей безграничной власти.

Он лежал в каюте. Для него она была и домом на земле, и квартирой на сотом этаже, и даже произведением искусства, когда он, в порыве ночного воодушевления ходил из стороны в сторону, вторя порывам волн, которым он всецело доверял.

Он забыл, что такое время – его больше не существовало. Иногда он думал, что умер, но потом понимал отчётливо, что жив: рай может быть только на земле. Ничего нет после смерти. Абсолютно ничего. Проклятая пустота. А раю место на земле – среди правды и лжи, горечи и счастья, среди живых, которые знают, что однажды умрут. И искать его не надо: вот он, слегка прикрытый бесконечными водными просторами, уносящими странника вместе с его кораблём куда-то вдаль.

Его никогда не заботил вопрос: «А куда же я плыву?». Он знал, что путешествию не будет конца, а если и будет, то этот выбор сделает он сам – беспристрастно, обдуманно, расчетливо. А пока ему было хорошо. Днями напролёт он спал, говорил во снах сам с собою и с морем – со своим единственным другом, понимающим его человеческую натуру как никто другой. Ночью же он бодрствовал, чтобы увидеть хотя бы ещё один раз тот невероятный закат: ряды облаков расступались, давая наблюдателю напоследок увидеть солнце, окрашиваясь при этом в ярко-красные тона, и солнце – словно прожитый день, угасало на горизонте.

Ночами он слушал песни ветра, которые научился различать: то грустные, монотонные аккорды, в такт которым едва подрагивал парус; то сильные, искренние порывы чистой, кристально чистой музыки, рождавшейся где-то в морской пучине, которая проделывала тот долгий путь до самого дна, а отразившись от него, взлетала на поверхность в надежде, что кто-то услышит этот полный откровения мотив.

Он сделался таким лёгким, что под его ногами не скрипели лакированные доски палубы, но достаточно сильным, чтобы противостоять ветру, который втянул его в нескончаемую игру между всё ещё человеком и природной стихией.

Он научился видеть красоту мира, не навязанную назойливыми стремлениями общества, некогда его окружавшего. Ему не нужно было открывать глаза, чтобы видеть: море никогда не изменит себе, и уж точно не станет это делать ради человека – крупицы мироздания, сосредоточившей в себе порочность и приличия, рамки и их нечёткие границы, вечность и беззаветно стремящуюся к окончания единицу – жизнь.

Он мыслил только вечными категориями, знал, что море останется с ним, даже когда он не сможет встать с кровати у себя в каюте, даже когда придёт неизбежный сон. Оно останется с ним, сопереживая тёплыми приливами, отрезвляя рассудок холодными брызгами из-за борта. Ему не будет стыдно за слабость слезы радости, за долгое послеобеденное созерцание величественного и ничтожного мира под ёмким названием «человек». Море поддержит, поплачет вместе с ним лёгким, весенним дождём, потреплет по плечу своим солёным дыханием, но ни за что не упрекнёт его за то, что он – всего лишь человек, возможно, не самый плохой, возможно, непростительно счастливый, возможно, тот, кого ждут на берегу в трепетном молчании.

Сидя в часы после заката на палубе, завернувшись в плед, он иногда вспоминал те глаза, что смотрели на него, не веря ни единому его слову.

– Ты хочешь выйти в море? – спрашивала она.

– Да.

– На сколько?

– Навсегда.

Она была красива, мудра – пожалуй, но не было в ней того необъяснимого шарма, которым обладают лишь немногие: он никогда не следил за ней по утру, ибо знал, что в её поступи напрочь отсутствовала грация; он не испытывал ревности, чувства собственности, когда кто-нибудь подходил к ней, танцевавшей в клубе; он засыпал спокойно, безмятежно, без неё. И дело было не в ней: она была прекрасна – это правда! Но не было чувства, возможно не такого возвышенного, как в любовных романах, но и не такого безликого, как в романах футуристических – не было реального ощущения, что вот – вот эта женщина снова придёт, и мир – целый мир никогда не будет таким, каким он был до её появления.

Берег снился ему всё чаще и чаще. Вот он видит на горизонте землю: радость, граничащая с познанием нового. Он мерно подплывает, словно ветер, будучи благосклонным, позволил ему вдоволь насладиться мгновением возвращения. Растягивая его до неприличия, он, удовлетворённо улыбнувшись, сбрасывает незатейливую деревянную лестницу – трап, делает шаг, и ему начинает казаться, что одной вечности мало, чтобы описать время с момента поднятия ноги в воздух и её постановки на берег. Этого не происходит: он не может коснуться песка, которым устлана земля. А вечность идёт: неторопливо, властно, словно смакуя свою победу над очередным смертным, который столько времени провёл в море, что разучился ступать на берег.

– Так как ты планируешь провести отпуск? – спрашивала она, сидя на подоконнике и попивая горячий какао из огромной белой кружки.

А он стоял, смотрел в окно, видя лишь середины многоэтажных зданий среди того ада, в котором он жил, и молчал, сохраняя верность неосуществимой мечте.

NAZKEN KELZHANOVA

Kelzhanova Nazken was born on June 22, 1981 and raised in Kazakhstan. She is a science fiction writer. After completing PhD doctoral studies in Germany, she is engaged in independent post-doctoral research in the field of chemistry. In her spare-time she writes travel stories, translates and sings songs. She translated and sang the song "O sole mio" from the Neapolitan language to the Kazakh language for her teacher Saule Doszhanova. She also sang the well-known Kazakh song "Daididau" by translating it into English. The main goal of her life is to make the world brighter and kinder and lives under the motto: "world peace".

TIME TRAVEL

This short fiction story is dedicated
to my teacher and spiritual mother,
writer Saule Doszhanova,
who always inspires me.

I once found Irgizit stone, which is considered a magical stone, on the banks of the Yrgiz River. I had seen a note somewhere that magicians proved that this stone allows you to travel back in time. When I came home and looked at Facebook, Aunt Saule Doszhan posted a picture of her when she was a child, and I wanted to go there to try the power of the stone. I took the stone in my fist and stroked it: I want to go back to Aunt Saule's childhood.

At that time, Aunt Saule was a 13-14-year-old girl. She lived with her parents at home. At one point, I saw that her parents were going somewhere to visit, saying that they would come back until the evening. While I was standing near the door, a schoolgirl entered her house. After a while, I asked the girl who took out the books:

"Is there a library in this house?"

"Yes, the girl in this house has her own library named after Tumanbay Moldagaliyev, we take and read the books we need." Answered the schoolgirl and hugged her books.

I knocked on the door, and a girl came out with a smile and said:

"Hello! Welcome to the library. Every time my father went to the town, he bought all the books from the bookstore, and now I have about a thousand books!" She began to tell me that she organized such a library for the residents of Aktam village so that others could read these books.

Looking at the educated girl, I was surprised by her hard work, diligence and punctuality. I thought that a person who becomes a writer is known from childhood.

"Do you think that it is possible for the works of fiction to become reality?" I said, looking critically.

"Of course, we can see that even fantasy tales are coming true now. For example, let's take an airplane, if in the past people used to dream about a flying carpet and make up fairy tales, now you can fly anywhere." said the girl, admitting that she is a dreamer.

"By the way, my name is Saule, I forgot to introduce myself to you." She announced with a shy smile.

"I wonder if you will be surprised if I introduce myself." I exclaimed, not knowing where to start my story.

"I won't be surprised, I promise," She assured.

"If you are not surprised, I will tell you that I am a guest from the future."

"It's really nice to meet you!" She exclaimed with a happy face.

Both of us were happy to meet each other and did not know how the evening ended. I showed her the life in the 21st century from the video on my smartphone, told her how we use a tablet, laptop, TV, washing machine, vacuum cleaner, and we managed to take a video and a picture together. I made her listen to the song "O Sole Mio" that I translated and sang for her. While I was telling the story of that song, we heard the sound of her parents entering her house from outside. I hastily said goodbye to her and went back to my own time. According to chaos theory, when I travel through time, I should not touch anything, but only observe from the outside. Even if I accidentally touch something, it makes an incredible difference. As for me, I brought pictures and videos from there. It seemed like only a few hours ago, but when I returned, my house had become a "smart house." All the people around live in such houses. We have moved to do the work more often. In a rapidly developing world, every hour seems like a year. Times have completely changed. There is a robot-assistant in my house who is just like me. She did all the household chores herself, cooked, cleaned the house, did the laundry, and arranged everything. Even at work, she used to come to my place, do laboratory experiments and give lectures to students.

When I contacted Aunt Saule, she said that she was about to receive the Nobel Prize for the history written about the Semey landfill, and then she left for Sweden. I congratulate Aunt Saule and told about my experience. I was even surprised when she told me that:

"When I saw you for the first time, I remembered seeing you as a child like déjà vu. I was surprised. So, what happened? Aunt Saule is the only one here who knows everything. Isn't it a great feat to keep it a secret for so many years..."

МИХАИЛ АНАНОВ

Поэт, переводчик поэзии, прозаик, драматург, литературовед, журналист, публицист.

Член Союза писателей Грузии. Член Пушкинского общества русскоязычных литераторов «Арион». Член Союза армянских писателей Грузии «Вернатун». Член международного клуба фантастов Крыма «Фанданго». Член Союза писателей Северной Америки. Председатель экспертного Совета по поэзии Евразийской творческой Гильдии, (Лондон).

Участник литературоведческих конференций, поэтических фестивалей и творческих вечеров.

Дипломант V Международного Форума «Золотой Витязь». Обладатель ордена святого Илии Чавчавадзе. Лауреат различных литературных конкурсов, в частности, проводимых под эгидой ЕТГ, (Лондон).

Автор песен, мелодекламаций, песенных переводов.

Автор нескольких оригинальных сборников стихотворений, прозы, драматургии и переводных сборников поэзии, также, научных трудов.

Публиковался в литературно-художественных и литературоведческих журналах.

ВЕСЬМА ИНТЕРЕСНЫЙ ПАРЕНЬ

Виталий Серебряков был свойским парнем, легко вливающимся в любую компанию и быстро завоёвывающим симпатии. В свои двадцать восемь лет он повидал немало, исколесив просторы необъятной Родины. Среди его друзей было много ветеранов войны, которых он боготворил, как самых близких ему людей. Поэтому неудивительно, что он решил заехать в город-герой Брест, хоть ему это вовсе не было по пути, чтобы поздравить старого друга Евгения Чудина с предстоящим праздником великой Победы.

Путь из Симферополя был не близкий, но Виталий, несмотря на то, что не нуждался в средствах, предпочитал путешествовать поездом. Любоваться проплывающими мимо взора разнообразными пейзажами дорогого стоило.

Шёл 1975 год – время популярности Высоцкого и слух Виталия периодически ласкали звуки любимых сердцу песен кумира.

Был этот самый парень звезда – ни дать ни взять,

Настолько популярен, что страшно рассказать.

Юмор поэта, именно так величал Виталий Высоцкого, порой подкупал до слёз. Иногда он даже закрывал глаза, как бы пытаясь проникнуть в самую глубину сакрального песенного пространства, чтобы постичь замысел её создателя. И словно из неведомых сфер до него доносится богатый по своему колориту голос:

Но что ей до меня – она уже в Иране,

Я понял – мне за ней, конечно, не успеть.

– Хорошо выглядишь, – поприветствовал юного друга Евгений.

– Да и ты, как огурчик.

– О них ты вспомнил вовремя. Баба Настя как раз подготовила к твоему приезду нечто вкусненькое.

– Ну, спасибо, баба Настя, – улыбнулся Виталий.

– Как добрался?

– Нормально, ты знаешь, как я люблю созерцать пейзажи из вагонных окон.

– Да, уж. В своё время я любил езду на поездах. Сейчас она меня утомляет. Предпочитаю быстрые перелёты и небесные пейзажи из окон самолётных.

Они несколько секунд пристально смотрели друг на друга.

– Что ж, идём к столу, – пригласил Евгений гостя. – Так как поездка?

– В поезде я познакомился с одной девушкой из соседнего купе. Она учится в Симферополе, а в Минск отправилась специально на концерт Высоцкого.

– Ты, насколько я догадываюсь, тоже собираешься туда.

– Не буду скрывать, да. Однако, сам понимаешь, не мог не навестить друга, тем паче, в такой незабываемый день.

Они чокнулись. Огурчики пришлись Виталию по вкусу.

– Представляешь, – продолжил он прерванную тему, – она тоже заехала в Брест, чтобы поздравить бабушку, ветерана войны.

– Как звать то бабушку? – спросил Женя. – Может, воевали вместе.

– К сожалению, не догадался спросить.

– А то ведь, сплетение судеб, – сострил Женя, пояснив, – кто знает, что связывает эти две истории? – ветераны войны или Володя Высоцкий.

– Ты прав, – улыбнулся Виталий, – насчёт сплетения судеб: Высоцкий немало песен посвятил ...

По радио зазвучала песня.

На братских могилах не ставят крестов

И вдовы на них не рыдают...

– Видишь, тому явное подтверждение.

Вскоре вернулась баба Настя, вся разгорячённая. Мужчины резко повернули головы в её сторону.

– Тут к моей приятельнице, точнее, к супругу её, Валере, тоже из фронтовых, приехал друг. Весьма интересный парень. Побывал в Загранице. Сам одет во всё заграмоничное. Приехал специально, чтобы поздравить друзей ветеранов с праздником.

– Ты тоже готовься, – подмигнул Виталий Евгению, – завтра твой день.

– Я всегда готов, – отозвался тот, – как огурчик. – Друзья рассмеялись.

– Мало того, – продолжила баба Настя, – он ещё и поёт о войне хриплым голосом. Вот, – она пальцем указала на радио, откуда доносилось:

К ним молча приносят букеты цветов,

Им Вечный Огонь зажигают.

– Точно таким голосом он поёт, именно эту песню, всех с ума сводит.

– Да, это песни Высоцкого. – Рассмеялся Виталий. – Кто только их не исполняет. Я сам их кучу знаю и порой бренчу на гитаре. А то, что хрипловатым голосом... так это подражают, пытаются. Таких знакомых у меня тоже навалом, другое дело оригинал.

– Тут ты тонко подметил. – Женя от души рассмеялся. – Не отрицай, никому ты в этом не уступаешь. Так, когда ты в Минск на концерт этого?..

– Высоцкого? – Как отметим праздник. Вечером выеду, утром с вокзала прямо к Егору Рубахину. Он парень гвоздь: расшибёт лбом стену, а билет достанет. Высоцкий выступает в Минске всего два дня, 11 и 12 мая. Задача перед нами стоит весьма сложная.

– Но не сложнее, чем на войне, – Евгений вновь поднял тост.

– Кстати, – выходя, баба Настя повернулась к сидящим за столом, – он тоже отправляется в Минск, и не один, с ним – целая компания.

– Это кто?!. – Женя и Виталий недоумённо посмотрели на неё.

– Весьма интересный парень с хриплым голосом.

– Видать, его большой поклонник. – Наперебой заговорили они. – Что ж, в добрый путь.

Они в который раз чокнулись. По радио зазвучала знакомая песня.

И пытались постичь мы, не знавшие войн,
За воинственный крик принимавшие вой,
Тайну слова, приказ, положенье границ,
Смысл атаки и лязг боевых колесниц.

Утро выдалось солнечное. Женя при всём параде, разглядывая себя в зеркале, воскликнул: «Подумать только, тридцать лет».

– Это ты настолько выглядишь. – Баба Настя держала в руке тройной одеколон.

– Можно сказать и так, – усмехнулся ветеран.

– Он свой возраст отождествляет с возрастом Победы. – Сострил Виталий.

– Ты, по-своему, прав. Эх, тридцать лет, мне было, когда началась война. – Женя обернулся к собеседникам и все узнали в нём испытанного бойца, в котором сохранился дух великой Победы.

Ну, а мы – все оправдали мы,
Наградили нас потом,
Кто живые – тех медалями,
А кто мертвые – крестом.

Брест был ярок, красочен и необычайно весел. Даже сложилось впечатление, что он расцвёл, по летнему, олицетворяя торжество человече-

ского разума. Ведь тридцать лет назад был повержен демонический дракон, способный сожрать всё самое святое, что есть у человека. Отовсюду слышались поздравления, бравурные речи, смех и, конечно же, песни в память незабвенного Дня.

Наши мертвые нас не оставят в беде,
Наши павшие - как часовые,
Отражается небо в лесу, как в воде,
И деревья стоят голубые.

Баба Настя и тут пострел: вернулась с мороженным, заявляет: «Он и тут здесь».

- Кто? - Спросил Виталий.

- Кто же ещё, - усмехнулся Женя. - Тот самый, весьма интересный парень.

- Говорят, он приехал аж с самого Парижу. - Баба Настя была возбуждена. Женя и Виталий переглянулись.

- Надо же, сколько совпадений.

- Песни он, надеемся, пел? - И до слуха донеслось...

Мы не успели, не успели, не успели оглянуться,
А сыновья, а сыновья уходят в бой.

Радио словно задалось целью передавать репертуар этого загадочного молодого человека.

После встречи в кафе местного парка со старыми ветеранами, которых Женя не видел много лет, некоторых и вовсе с судьбоносного дня, мир казался более праздничным. За эти годы трудно было наговориться. Виталий поддерживал беседу, то и дело отмечая: «Эх, жаль, не захватил с собой гитару». Баба Настя внезапно испарилась.

- Не удивлюсь, - успел отметить Женя, - если она решила приударить за нашим невидимым другом. Радио традиционно заголосило:

Все, кто загнан, неприкаян,
В этот вольный лес бегут,
Потому что здесь хозяин -
Славный парень Робин Гуд!

- Это он о себе поёт, Володя. - Схохмил Виталий - ветераны рассмеялись.

Вечером, ближе к отъезду Виталия, немного взгрустнулось. Пешком Женя и баба Настя провожали его до вокзала.

– Что ж, – прервал молчание Женя, – день прошёл удачно.

– Более чем. – Виталий устремил взор в сторону стоящей у поезда группы молодых людей. – Вот и она, эта девушка из Крыма.

– Желаешь подойти? – Ветеран исподлобья взглянул на друга.

– Нет, у неё своя команда по добыче билетов на концерт.

– Да, на кой тебе ехать, чтобы с боем добывать билеты, когда весь день он даёт тебе концерт, причём, воевать не приходится. Вот и сейчас кто-то на перроне в живую исполняет на бис.

Я кругом и навечно виноват перед теми,

С кем сегодня встречаться я почел бы за честь.

– Меня сейчас больше всего волнует другой вопрос. – Виталий сделал паузу. – Куда подевалась баба Настя? У меня этот вопрос не возник.

– А я зачем-то пришёл от него в волнение.

– Так вот ответ на твой вопрос. – Женя кивнул в сторону другой группы немолодых людей, в центре которой стояла баба Настя.

– Скорее, подойдите сюда! – Она сияла. – Наконец-то, я вас познакомлю.

Мы подошли к группе поближе. Это была довольно таки большая группа из людей разного возраста. Женя даже узнал кое-кого из фронтовиков. Один из них, грузный мужчина, держа руки в карманах, подшутил, по-доброму, над Виталием: «Едем вместе с вами в Минск на концерт».

– Я представляю, сколько чего вам наговорила про меня баба Настя.

– А вот и он, – баба Настя обеими руками чуть ли не ткнула стоящего к ним спиной мужчину, – этот самый интересный парень.

– Тот беседовал с одной кучерявой девушкой.

– Человек-леген... – Женя не успел договорить, как парень обернулся. На несколько секунд Виталий застыл как изваяние, не в силах что-либо сказать. В загадочном человеке, о котором столько верещала баба Настя, восхваляя его до небес, узнал самого Володю Высоцкого.

– Это ты? – невольно выдохнул он.

– Да, это я, Виталий, – спокойно ответил тот. Тысяча мыслей моментально закрутилось в его одурманенной от событий минувшего дня го-

лове. Он не успел что-либо произнести, как знаменитый певец вынул из внутреннего кармана пиджака два билета и тем же спокойным голосом, в свойственной ему манере изрёк: «Милости просим на концерт».

– Вот это да! – Всю дорогу до Минска восклицал Виталий. – Возможно ли такое? Сорваться из Симферополя в Брест, целые сутки блуждать бок о бок со своим кумиром, слышать по радио и вживую его голос, рассказы о нём своих друзей, чтобы в самый последний момент найти оправдание своей поездке. Ух, Егор Рубахин, с тебя большой магарыч. – По радио объявили песню. Однако, этот Высоцкий, теперь я готов в этом поклясться своей головой – весьма интересный парень.

Но что ей до меня, она уже в Париже,
И сам Марсель Марсо ей что-то говорил.

МАРИЯ ПРИЗНЯКОВА

Литературное творчество – одно из моих главных увлечений: я занимаюсь им более 15 лет. Но любовь к самому процессу написания, создания произведения, продумывания персонажей – открытие относительно недавнее. Лишь недавно я поняла, что именно привело меня в журналистику (мою основную профессию), что толкало на подготовку и публикацию огромного количества постов про фотографирование (вторую профессию) – желание писать и удовольствие, получаемое от этого занятия. Поэтому сейчас я уделяю ему больше времени и внимания, чем другим увлечениям: чтению (в том числе на языке оригинала), пению, игре на гитаре, рисованию. И хотя целенаправленно я пишу прозу, не меньшее место в моём творчестве занимает лирика.

ЖИТЬ

«Я очнулся рано утром. Я увидел небо в открытую дверь...»[2], – песня Бутусова всё еще звучит в голове, когда я открываю глаза. Моя открытая дверь указывает в темноту коридора, из которого доносится слабый запах блинчиков и чего-то еще. Варенья? Свежей земляники?..

Я тянусь за штанами и замираю: на кухне легко позвякивает посуда, как если бы ветром распахнуло окна. Сквозняк. Забыв про штаны и тапки, босиком выхожу в коридор и иду на запах. Пол под ногами пружинит, как будто за ночь ламинат застелили пушистым ковром.

Запах ожидаемо идет из кухни. По дороге пытаюсь вспомнить последний разговор с мамой – вроде, она не говорила, что приедет раньше.

2 Строка из песни «Доктор твоего дела» гр. «Наутилус Помпилиус» (В. Бутусов – И. Кормильцев).

Я замираю на пороге. Окна не открыты. Окон нет вообще. И стены.

Вместо них – небольшая полянка на вершине убегающего влево холма. Справа холм обнимают деревья. На растущих вперемежку березах и елях еще искрится утренняя роса.

Я сажусь: мягко. Трава, покрывающая холм, устлала пол кухни и коридора. Посмотрев назад, вижу, как по стенам поднимаются вьюнки.

Не чувствуя силы в ногах, на четвереньках иду к «краю» кухни. Мягкая трава приминается под руками и коленями и снова расправляется позади меня.

Конца кухни как будто нет: с детства знакомое помещение переходит в лес так плавно, что я не замечаю, как стены сменяются растениями. Присмотревшись, с удивлением отмечаю на некоторых рисунок, схожий с имитацией дерева на панелях кухонного гарнитура.

Я на той самой полянке. Голые ноги приятно щекочут зеленые травинки, среди которых вижу побеги земляники. За несколько метров от меня вниз полого убегает склон, справа к холму подступают деревья. Тепло. Редкие облачка плавно приближаются, влекомые тем самым легким ветром, позвякивавшим посудой в моей кухне.

Набираю полную грудь лесного воздуха: запах блинчиков и ягод усиливается. Присмотревшись, вижу на другой стороне полянки круглый пень. На нем моя скатерть? Присев рядом, понимаю, что узор на спиле действительно похож на рисунок скатерти, но ее самой нет. Стол – то есть пень – накрыт к завтраку: на широком блюде высится стопка блинчиков, в глубокой чашке – свежая крупная земляника, тут же рядом – кувшин с молоком, миска со сметаной, два блюдца и два стакана. Два?

Оглядываюсь. Кто бы ни приготовил завтрак, он должен быть где-то здесь. Может, он объяснит мне, что происходит? Шок почти прошел, и я чувствую сильное любопытство. Не удержавшись, беру из чашки ягодку. Настоящая: сладкий ароматный сок наполняет рот и мгновенно пробуждает аппетит. Я беру еще пару земляничин и подхожу к склону холма.

Подо мной убегает вдаль поле. Тут и там, я замечаю, из травы выглядывают головки цветов: клевера, ромашек, васильков, колокольчиков. Доносятся ароматы сныти и подмаренника. Но никого нет.

Повернувшись к лесу, вижу его: легкое платье, сшитое из травы и солнечных лучей. Оно мелькает среди деревьев, подол обвивается вокруг босых ног, спокойно ступающих по лесному покрову.

– Ты?..

– Я рада, что ты проснулся, – она улыбается мне. В светлых глазах отражается играющее в волосах солнце. Ее прохладная ладонь проскальзывает в мою и ведет к пню.

Я тоже рад. Но... Смотрю назад, пытаясь разглядеть свою кухню, убегающий к комнате коридор. Их нет. Полянка, на которой мы стоим, перетекает в широкую травянистую просеку между деревьями, некогда бывшими стенами моей квартиры.

Она разглядывает мое лицо. В ее глазах пляшут лукавые смешинки. Не удержавшись, я смеюсь и отправляю в рот сразу несколько земляничин. Кажется, я и сам сейчас стану солнцем, или ветром, или травой – но чем-то очень-очень живым.

– Ты будешь со мной?

– Всегда.

LIVE

"I woke up early in the morning. I saw the sky through the open door – Butusov's song still sounds in my head when I open my eyes. My open-door points into the darkness of a hallway, from which comes the faint smell of pancakes and something else. Jam? Fresh strawberries?

I reach for my pants and freeze: the dishes tinkle lightly in the kitchen, as if the wind had opened the windows. A chill. Forgetting about pants and slippers, I go barefoot into the corridor and follow the smell. The floor springs underfoot, as if the laminate had been covered with a fluffy carpet overnight.

The smell comes from the kitchen. On the way, I try to remember the last conversation with my mother – it seems that she did not say that she would arrive earlier.

I freeze at the door. The windows are not open. There are no windows at all. And no walls.

Instead of them – a small clearing on top of a hill running away to the left. On the right, the hill is hugged by trees. On birches and spruces growing alternately, morning dew still sparkles.

I sit down: softly. The grass covering the hill covered the floor of the kitchen and corridor. Looking back, I see bindweed climbing up the walls.

Feeling no strength in my legs, I go on all fours to the "edge" of the kitchen. The soft grass squashes under my arms and knees and spreads out behind me again.

There seems to be no end to the kitchen: since childhood, the familiar room passes into the forest so smoothly that I don't notice how the walls are replaced by plants. Looking closely, I was surprised to note on some of the pattern, similar to the imitation of wood on the panels of the kitchen set.

I'm in the same glade. Bare legs pleasantly tickle green blades of grass, among which I see strawberry shoots. A few meters away from me, a slope gently runs down, trees approach the hill to the right. Warm. Rare clouds are gradually approaching, drawn by the same light wind that tinkled the dishes in my kitchen.

I take in a full chest of forest air: the smell of pancakes and berries intensifies. Looking closely, I see a round stump on the other side of the clearing. Does it have my tablecloth on it? Crouching nearby, I understand that the pattern on the saw cut is very similar to the pattern of the tablecloth, but there is no tablecloth itself. The table – that is, the stump – is set for breakfast: a stack of pancakes rises on a wide dish, fresh large strawberries are in a deep cup, right next to it is a jug of milk, a bowl of sour cream, two saucers and two glasses. Two?

I look around. Whoever made breakfast must be around here somewhere. Maybe he can explain to me what's going on? The shock is almost over and I feel a strong curiosity. Unable to resist, I take a berry from the cup. Real: sweet aromatic juice fills the mouth and instantly awakens the appetite. I take a couple more strawberries and go up to the hillside.

A field runs away under me. Here and there, I notice flower heads peeking out of the grass: clover, daisies, cornflowers, bluebells. Aromas of goutweed and bedstraw are heard. But there is no one.

Turning towards the forest, I see it: a light dress made of grass and sunlight. It flickers among the trees, the hem wraps around bare feet, calmly stepping on the forest cover.

"You?"

"I'm glad you're awake." She smiles at me. In bright eyes the sun playing in the hair is reflected. Her cool hand slips into mine and leads to the stump.

I am also glad. But I look back, trying to see my kitchen, the corridor running towards the room. They are not here. The glade on which we are standing flows into a wide grassy clearing between the trees that once were the walls of my apartment.

She looks at my face. There are dancing a sly little laugh in her eyes. Unable to resist, I laugh and send several strawberries into my mouth at once. It seems that I myself will now become the sun, or the wind, or grass – but something very, very alive.

"You will be with me?"

"Always."

ISBN 978-1-910886-85-4

В твоих руках необыкновенная книга. В нее вошли произведения литераторов, проживающих в Беларуси и России. Среди авторов – люди старшего поколения литераторов, известные мастера слова, лауреаты Национальной литературной премии Беларуси, престижных республиканских и международных литературных премий, чьи произведения печатаются и звучат во многих странах, переведены на многие языки. Представлены здесь и талантливые молодые поэты. А также дебютанты, которые делают свои первые шаги в большую литературу. В том числе и лауреаты литературной премии Ассоциации защиты интеллектуальной собственности «БелБренд», которая активно открывает и поддерживает молодые таланты Беларуси.

Безусловно, все авторы этого издания разные по уровню таланта, творческой манере, мировосприятию...

Но всех их объединяет истинная любовь к творчеству, созидательная жизненная позиция, горячее желание быть услышанными читателем, умение в обычном увидеть необыкновенное, в земном – неземное, поделиться своей влюбленностью в жизнь, верой в добро и красоту. Многие из них принимают самые активное участие в литературной жизни, общественной работе.

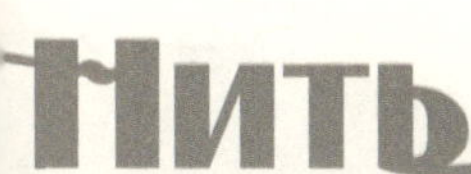

ISBN 978-1-910886-86-1
90000
9 781910 886861

Евразийский литературный сборник «НИТЬ» – новый проект Евразийской творческой гильдии. В этом году он выходит в партнерстве с белорусской Ассоциацией защиты интеллектуальной собственности «БелБренд», и станет ежегодным изданием.

В сборнике представлены произведения членов и друзей Евразийской творческой гильдии, некогда объединенных одним общим культурным пространством – странами бывшего Советского Союза.

Работы авторов объединяют общие темы, присущие творчеству народов Евразии, которые чтят традиции своих предков, свои корни, тяготеют к природе. В мелодичной и мягкой поэзии и прозе, передающей всю душевность наших народов, отражена бесконечная любовь к своей земле, красоте родной природы, философия восприятия окружающей действительности.

Талантливо заключенные в лирические строки мысли, образы, воспоминания, предвидения, эпизоды частной жизни выражают красоту души народов Евразии, демонстрируют, что в современном динамичном ритме жизни есть место для духовности, доброты, любви, творчества, желания жить и наслаждаться, созерцать совершенство созданного природой окружающего мира.

ISBN 978-1-913356-06-4
90000
9 781913 356064

Это издание – третья книга в серии Евразийских литературных сборников «Нить». С 2018 года в сборник вошли произведения более пятидесяти авторов из одиннадцати стран.

В этой книге авторы из Беларуси, Великобритании, Израиля, Казахстана, России, Узбекистана, Украины делятся с читателем своими чувствами и воспоминаниями, восприятием реальности и волшебными сказками.

Евразийская творческая гильдия поддерживает творчество во всех его проявлениях. В этом сборнике читатель найдет и прозу, и поэзию, и тексты песен, и научный подход к сохранению мира и окружающей среды, и даже активную гражданскую позицию автора. Такие разные по своему стилю и характеру работы авторов – членов Гильдии, представленные в этой книге, объединяют любовь к родной земле и природе, собственная философия восприятия окружающей действительности. Особое место в сборнике занимают пронзительные работы старшего поколения, не позволяющие молодым забыть ужасы войны ради сохранения мира и благополучия, такого хрупкого сегодня, любви и дружбы.

По-прежнему, работы старшего поколения соседствуют с многогранным и жизнеутверждающим творчеством молодых авторов.

ISBN 978-1-913356-20-0

Это издание - четвертое в серии Евразийских литературных сборников «Нить».

Более шестидесяти авторов из четырнадцати стран с 2018 года приняли участие в данном проекте и вплели свои прекрасные работы в эту нить поколений и народов, некогда объединенных одним общим культурным пространством – странами бывшего Советского Союза. В этом году авторы работ – профессиональные мастера слова, победители и финалисты конкурса «Открытая Евразия», лауреаты Евразийских премий, активные участники и представители проектов и советов Евразийской творческой гильдии.

Авторы делятся с читателями своими мыслями, мудростью, собственной философией, дают почву для размышлений и фантазий. Кто-то найдет здесь для себя что-то новое, о чем стоит задуматься, кто-то лучше поймет себя, а кто-то, возможно даже найдет смысл в своей собственной жизни и поступках. Кто-то посмеется, кому-то взгрустнется, кого-то, возможно, строки тронут до слез, а кто-то вспомнит своих близких....

В годовщину Великой Победы в Великой Отечественной войне мы не можем обойти вниманием военную тематику, и наши авторы будут возвращаться к ней вновь и вновь ради сохранения мира и благополучия, такого хрупкого сегодня, любви, дружбы и человеколюбия.

ISBN 978-1-913356-38-5
90000
9 781913 356385

Данное издание - пятое в серии Европейских литературных сборников «Нить». За время своего существования сборник объединил произведения семидесяти девяти авторов из девятнадцати стран возрастом от 12 до 94 лет. Авторы проекта выражают надежду, что сборник передает единый дух народов Евразии и вносит вклад в культурное взаимообогащение литераторов и формирует уважение к истории и настоящему других стран, связывает мысли и чувства разных поколений.

В этом году многие победители и финалисты международного литературного конкурса «Открытая Евразия», ежегодно проводимого Евразийской творческой гильдией, решили воспользоваться возможностью найти путь к своему читателю через этот сборник. Кроме того, все авторы – члены Гильдии, активные участники ее проектов и советов, и, несомненно, замечательные мастера художественного слова.

Надеемся, что рассказы и отрывки из книг наших прекрасных авторов вызовут интерес у читателей, которые обязательно захотят познакомиться с творчеством этих писателей поближе.

www.ingramcontent.com/pod-product-compliance
Lightning Source LLC
Chambersburg PA
CBHW030335310726
48979CB00001B/39

* 9 7 8 1 9 1 3 3 5 6 5 5 2 *